重庆文化研究 己亥春

Chongqing Cultural Research | 蔡武 题

■ 重庆市文化研究院 编

西南师范大学出版社
国家一级出版社 全国百佳图书出版单位

图书在版编目(CIP)数据

重庆文化研究．己亥春 / 重庆市文化研究院编．—
重庆：西南师范大学出版社，2019.4
ISBN 978-7-5621-9731-7

Ⅰ．①重… Ⅱ．①重… Ⅲ．①地方文化－研究－重庆
－2019 Ⅳ．①K297.19

中国版本图书馆CIP数据核字(2019)第055815号

重庆文化研究 己亥春

CHONGQING WENHUA YANJIU JI-HAI CHUN

重庆市文化研究院 编

责任编辑：王传佳
责任校对：畅 洁
书籍设计：杨 涵
排 版：重庆大雅数码印刷有限公司·王兴
出版发行：西南师范大学出版社
地址：重庆市北碚区天生路2号
邮编：400715
市场营销部电话：023-68868624
经 销：新华书店
印 刷：重庆紫石东南印务有限公司
幅面尺寸：210 mm×285 mm
印 张：8.25
插 页：10
字 数：268千字
版 次：2019年4月 第1版
印 次：2019年4月 第1次印刷
书 号：ISBN 978-7-5621-9731-7
定 价：35.00元

情与景与文

如果说“朝辞白帝彩云间，千里江陵一日还”是李白因三峡夔门而生的情，“会当凌绝顶，一览众山小”是杜甫因泰山而生的情，“只有天在上，更无山与齐。举头红日近，回首白云低”是寇准因华山而生的情，“采菊东篱下，悠然见南山”是陶渊明因自然和悠闲而生的情；如果说一幅《清明上河图》让人们看到了宋时开封的繁华景象，一部电影《巫山红叶》让巫山旅游更加红火，一张照片《迎客松》让黄山具有标志性的文化符号让更多人认识，一曲《太阳岛上》让人们千里万里去追逐哈尔滨太阳岛，一部歌剧《江姐》让红岩精神更加深入人心，一场《印象·刘三姐》实景演出让人们的心灵深置于桂林山水之中。人们因景而生情，因情而生文，因文而不舍其景。当然这“文”，不仅指诗文、文艺，还指广泛意义上的文化。

其实，“文”与景从来都是紧密相连的，美好的山水、具有悠久历史的古迹，让人们产生情感，发而为文，这是景对文化的贡献。反之，文化底蕴的积淀、文化元素的丰富，又促进景区旅游的发展，这是文化对旅游的贡献。

从文化与旅游发展的实际看，文化越深厚，景区的影响力就会越大；文化影响越广泛，景区的社会价值、经济价值也就会越高。

文化以客观世界为基础。因景而生情，因情而生文。同时，艺术来源于生活，也高于生活。文学家们凭借其丰富的想象力，创造寄托精神的“乌托邦”。重庆酉阳的桃花源就是一例。陶渊明未曾写过一个实有的桃花源，但是，酉阳人却把这一名篇解读到现实生活之中，引来无数“读者”。苏东坡写过一篇《赤壁赋》，结果三国战场赤壁还不如文学作品中的赤壁热闹。还有一些景区景点，因文学作品而生，如《西游记》电视剧的拍摄地。这些事例又印证了一个结论：景因情因文而生。

近年来，随着社会经济的发展，人们的包里有钱了，生活富裕了，文化水平也提高了，旅游成了一个热门行业。各地高度重视旅游发展，不仅从政策上着力推进文化与旅游的融合，还将文化和旅游部门合并，打破行政壁垒，清除人为障碍，做到文化、旅游业态的彻底融合。一些地方政府、企业家也着力深度挖掘当地文化，为景区注入文化元素，把一些地方旅游事业做得有声有色。这是文化的幸事、旅游的幸事，更是文化旅游消费者的幸事。

客观上讲，有景就会生情，有情就会有“文”。旅游景区因“文”而产生更为广泛的影响力。随着社会经济的快速发展，人们对文化的需求愈发迫切，文化与旅游的融合已经成为旅游发展的重要内容，所以，才有文化旅游融合之创新，才有旅游业态之创新，才有旅游业运行机制之创新。《重庆文化研究·己亥春》就是着眼于这一问题来展开的。我们进行了精心的策划，广泛动员专家学者参与并形成了一些研究成果，再经过精选将部分研究成果呈现给大家，以供参考。当然，这些研究还只是冰山一角。新的文化旅游观念需要用实际行动来践行，新的文化旅游融合形态需要在发展中不断成熟与完善，新的文化旅游发展实践也需要随着实际情况不断调整方向。文化旅游融合是一个庞大系统的工程，随着社会经济的不断发展，文化旅游融合的政策、方向、重点都会不断变化，需要我们适时地加以关注，随时展开研究。所以，我们期待更多的同仁参与进来，共同为文化旅游发展贡献智慧，共同推进文化旅游发展再上新台阶。

编者

2019年4月5日

目　录

政策研究

学术争鸣

文化前沿

基础科研

巴渝文化

人物风采

文化记忆

艺文空间

重庆要推动文化和旅游真融合、深融合

刘旗

按照党中央、国务院批准的《重庆市机构改革方案》，重庆市新组建了文化和旅游发展委员会，标志着全市文化旅游体制改革迈出了实质性、关键性的第一步。重庆市文化和旅游发展委员会作为市政府组成部门，是目前全国各省、自治区、直辖市公布的机构改革方案中唯一在名称中体现“发展”的文化和旅游行政机构，这充分体现了重庆市委、市政府对文化和旅游工作寄予的厚望，凸显了重庆市委、市政府对全市文化和旅游高质量发展的要求，必将推动重庆市文化和旅游谱写时代新篇章。

当前，重庆市按照习近平总书记对重庆提出的“两点”定位、“两地”“两高”目标和“四个扎实”要求，以“三大攻坚战”和“八项行动计划”为主要抓手，把人民日益增长的美好生活需要作为奋斗目标。新组建的市文化和旅游发展委员会将全面践行新发展理念，按照打造重庆旅游业发展升级版和文化强市的要求，进一步统筹好文化事业、文化产业和旅游业发展，提升文化和旅游服务经济社会发展的能力和水平，着力在以下三方面推动文化和旅游真融合、深融合。

立足“两点”推动文旅融合

重庆是西部大开发的重要战略支点，处在“一带一路”和长江经济带的联结点上，在国家区域发展和对外开放格局中具有独特而重要的作用。

我们将充分发挥重庆地处“两点”的区位优势，以建设文化强市、打造世界知名旅游目的地为目标，打造与内陆开放高地相适应的文化和旅游开放格局，以融合发展为主线，积极融入“一带一路”和长江经济带建设，加强与陆海新通道沿线国家、友好城市之间的文化旅游交流，推动文化“引进来、走出去”；强化“巴渝风”“重庆范”，注重培育重庆文化和旅游特色品牌，合力打造一批具有国际品质的文化旅游示范区和特色产品线路，增强重庆旅游对外国游客的吸引力，彰显重庆“城在山水间、山水在城中”“有山有水、依山傍水、显山露水”的独特魅力；通过充分发挥文化和旅游的聚集辐射功能，完善重庆文化和旅游境外推广平台建设，形成常态化境外推广营销态势，建成产品业态丰富、品牌形象卓著、服务功能完善、集散舒适便捷、环境安全友好、具有世界吸引力和竞争力的国际知名文化旅游目的地，让更多的重庆文化和旅游产品走出国门、走向世界，带动更多人流、物流、资金流、信息流向重庆集聚，助推重庆在国家区域发展和对外开放格局中发挥更大作用。

新发展理念贯穿始终

文化与旅游相生共兴，相辅相成，从建设内陆开放高地来讲，文化和旅游融合发展是推动开放发展的重要内容；从建设山清水秀美丽之地来讲，文化和旅游融合发展是贯彻落实习近平总书记关于"绿水青山就是金山银山"理念、"共抓大保护、不搞大开发"导向、"生态优先、绿色发展"方针的有效方式和途径。

党的十八大以来特别是2017年7月以来，重庆市委、市政府高度重视文化和旅游发展，印发了《关于促进全域旅游发展指导意见重点任务分工》《关于推动文化产业高质量发展的意见》，召开了首届全市旅游发展大会，文化和旅游融合迎来了新的发展机遇。按照重庆市委、市政府关于市文化和旅游发展委员会的定位，我们将充分发挥统筹协调作用，围绕提供优秀文化产品和服务、优质旅游产品和服务这一中心环节，把新发展理念贯穿体现到文化和旅游发展的各个方面，用文化的理念发展旅游，用旅游的方式传播文化，做到宜融则融、能融尽融，围绕城市品质提升行动，加快非遗产业园、国家对外文化贸易基地项目建设，做大做强世界温泉谷、长江三峡国际旅游集散中心、重庆都市旅游和立体气候四季康养四大项目集群，进一步增加文化和旅游的有效供给，提升文化和旅游业的整体实力和竞争力，唱响"山水之城·美丽之地"，让八方游客在重庆"行千里·致广大"，更好地满足人民日益增长的美好生活需要。

高质量发展创造高品质生活

文化和旅游是推动高质量发展、创造高品质生活的重要领域，都是为了满足人民对新时代美好生活的需要。重庆是一座历史文化名城，拥有深厚的文化积淀、丰厚的文化底蕴、多彩的文化和旅游资源。同时，重庆集大城市、大农村、大山区、大库区于一体，城乡发展差距大，协调发展任务重，文化和旅游发展不平衡不充分，与“两高”的要求还有差距，我们将积极适应高质量发展、高品质生活要求，充分保障文化和旅游发展中的制度性供给，切实发挥文化和旅游对经济发展关联性大和带动性强的综合作用，用足用好全市人文宝贝，全面保护历史文脉，深度挖掘人文资源，把文化元素植入景区景点、融入城市街区、嵌入美丽乡村，让传统文化“活”在当下，提升旅游的文化底蕴和特色魅力，打造一批区域性文化旅游走廊和线路，讲好重庆故事，让景区景点百看不厌；注重用好传统村落、文物遗迹、人文场馆开展文化旅游，保护利用老旧厂房拓展城市文化空间，做大做强一批文化创意园区，推动文化产业与旅游业融合发展，推动旅游和文化融合取得“1+1 > 2”的效果；充分利用重庆红色旅游资源丰富的优势，加强红岩革命纪念馆等革命传统和爱国主义教育基地建设，积极发展红色旅游，把红色资源利用好，把红色文化挖掘好，把红色基因传承好，逐步解决文化和旅游发展不平衡不充分的问题，实现文化和旅游的高质量发展，让更多人享受高品质生活。

刘旗，重庆市文化和旅游发展委员会主任

本文转载自2018年12月25日《中国文化报》

文化旅游深度跨界融合，实现互相促进、协调发展

——专访重庆社会科学院党组书记、院长唐青阳教授

本刊：针对习近平总书记对重庆提出的“两点”定位、“两地”“两高”目标，如何实现重庆文化旅游业发展升级？

唐青阳：2016年1月，习近平总书记在视察重庆时强调，重庆是西部大开发的重要战略支点，处在“一带一路”和长江经济带的联结点上，要求重庆建设内陆开放高地，成为山清水秀美丽之地。2018年3月全国两会期间，习近平总书记在参加重庆代表团审议时又要求重庆在加快建设“两地”的基础上，努力推动高质量发展，创造高品质生活。习近平总书记对重庆提出的“两点”定位，“两地”“两高”目标，定位很准、站位很高，体现了方向要求、发展要求与目标要求的辩证统一，既是对重庆工作的系统性要求、精准性指导和针对性谋划，更是把党的十九大精神全面落实在重庆大地上的“定盘星”、“总依据”和“大蓝图”。

我们要实现重庆文化旅游业发展升级，必须深学笃用习近平新时代中国特色社会主义思想，深入贯彻习近平总书记视察重庆和参加重庆代表团审议时的重要讲话精神，紧紧围绕习近平总书记对重庆提出的“两点”定位、“两地”“两高”目标，全面落实市委市政府关于文化旅游发展的安排部署，以建设文化强市和世界知名旅游目的地为目标，从战略高度准确把握文化旅游业发展的历史方位，坚持高起点谋划、大力度推进，着力缩差距、补短板，推动全市文化旅游业发展升级。

我们必须认识到，实现重庆文化旅游业升级是一篇很大的文章，具有十分丰富的内涵，严格地讲，它既包括文化产业的升级，又包括旅游业的升级，还包括文旅融合发展的升级。我认为，要实现前述三个方面中的任何一个，都是一项宏大的复杂的系统工程，都不是一件轻而易举就能够做到的事情，都有大量的具体工作需要我们去系统地思考、整体地谋划和大力地推进，需要我们以“钉钉子”的精神去抓紧抓细抓实。就拿重庆旅游业的升级来说，我们要按照市委市政府的要求，因地制宜、因势利导，突出重点、抓住关键，精准发力、久久为功，特别是要做到注重五个“全”字。一是要注重全域化发展，做出亮点，做强特色，做深内涵，把景区连成线路，把“珍珠”串成“项链”，提升旅游的文化底蕴和特色魅力。二是要注重全季节体验，唱响旅游“四季歌”，让游客春赏花、

夏消暑、秋观叶、冬玩雪。三是要注重全产业发展，围绕“吃、住、行、游、购、娱，商、养、学、闲、情、奇”等要素，丰富产品供给，推进业态融合，延伸产业链条。四是要注重全方位服务，完善“快旅慢游”服务体系，于细微之处做精做细管理服务，推进大数据智能化创新运用，提高重庆旅游美誉度和吸引力。五是要注重全社会参与，发挥政府主导作用，突出企业主体地位，动员全社会的力量参与旅游发展。要始终把旅游安全摆在重要位置，压紧压实安全责任，切实加强消防安全、交通安全和食品安全等工作。

在重庆旅游业升级过程中，需要充分发挥人文自然资源禀赋优势，挖掘新潜力，激活新要素，集聚新动能，唱响“山水之城·美丽之地”品牌，在“引领”“载体”“导向”“基石”“抓手”和“重点”等六个方面狠下功夫，努力推动重庆旅游高质量发展。第一，要坚持以全域规划为引领，统一规划、科学布局、多规合一，全力拓展旅游发展新空间。第二，要坚持以景区景点为载体，大力推进绿色生态游、峡江风光游、红色革命游、人文历史游、民俗风情游、夜景休闲游，全力打造旅游升级新亮点。第三，要坚持以“旅游+”为导向，加快旅游与农业、工业、康养、体育等融合发展，全力培育旅游发展新业态。第四，要坚持以交通畅达为基石，打通“主动脉”，畅通“最末梢”，助推“慢行游”，全力构建“快旅慢游”新支撑。第五，要坚持以品牌营销为抓手，创新营销模式，讲好重庆故事，全力塑造“山水之城·美丽之地”新形象。第六，要坚持以优化服务为重点，以改革创新为动力，全力营造旅游发展新环境，实现重庆旅游业升级。

实现重庆旅游业升级还需要我们强化组织领导、体制机制、人才队伍和宣传营销等方面的保障和支撑。具体来说，一是全市各级党委、政府要加强领导、精心组织，确保市委市政府安排部署的各项任务落地落实，特别是各级党政主要领导要懂旅游、爱旅游、抓旅游，成为旅游业的行家里手。二是完善推进机制，健全大旅游综合协调管理体制，推动差异化发展、协同发展、联动发展；深化改革开放，创新旅游管理体制机制。三是加强队伍建设，引进人才，全面提升旅游从业人员综合素质。四是营造浓厚氛围，加大旅游宣传推介力度，叫响重庆旅游品牌。

本刊：通过文化与旅游的深度跨界融合，怎样实现具有重庆地方文化内涵的新的经济增长极？

唐青阳：尽管在理论语境中“增长极”这一概念既可以是部门或产业意义上的，也可以是区域或空间意义上的，但是，我认为这里所说的经济“增长极”，并非指空间意义上的经济增长极，而是指产业意义上的经济增长极。根据增长极理论，增长极是围绕推进性的主导工业部门而组织的有活力的高度联合的一组产业，它不仅能迅速增长，而且能通过乘数效应推动其他部门产业的增长。该理论还认为，经济增长首先出现和集中在具有创新能力的行业，创新是产生极化效应的动力。我认为，文化与旅游的深度跨界融合本身就是一种创新，它不仅会推动文化产业和旅游业各自的增长，而且还会通过乘数效应推动与此相关联的其他产业的增长。因此，要形成具有重庆地方文化内涵的新的经济增长极，必须通过文化与旅游的深度跨界融合才能实现。具体而言，要以“大都市”“大三峡”“大武陵”旅游发展布局为依托，本着“宜融则融、能融尽融”的原则，大力推动城、镇、乡全领域和农、工、商全行业文旅融合。可以考虑在当前和今后一段时间，重点做好以下七个方面的工作：一是整体修缮、扩建和重塑洪崖洞、十八梯、白象街、龙门浩等主城的传统风貌区；二是坚持因地制宜，对历史文化名镇、名村和传统村落等进行特色化和差异化开发；三是加快构建历史、革命、抗战、工业、自然五大博物馆群，支持知名企业和人士兴办文博产业，策划建设一批现代化文化旅游综合体；四是围绕国际马戏城、“重庆中央艺术区”、川剧院、两江游和重庆各大旅游景区布局，打造一批高品质旅游驻场演艺项目；五是扶持发展文化餐饮、艺术酒店、特色民宿、民俗节会、工艺体验、创意用品等融合业态；六是注重培育文化创意园区、乡村文化乐园、特色文旅线路等消费新热点；七是通过创作优秀文艺作品、举办重大文化活动来提升旅游目的地的文化品位和知名度。

本刊：旅游吸引力强，旅游品牌知名度高的地方，都是有独特文化品格和文化魅力的地方。在文旅融合发展的形势下，重庆该如何思考继续提升区域文化形象，打好重庆的“三峡”牌、“山城”牌、“人文”牌、“温泉”牌、“乡村”牌五张牌？

唐青阳：文化旅游业发展的实践一再表明，但凡旅游吸引力强、旅游品牌知名度高的地方，都是有独特文化品格和文化魅力的地方，这可以说是文化旅游业发展的一种规律性现象。重庆作为“山清水秀美丽之地”，其美，美在神奇自然风光，美在多彩民俗风情，美在丰富特色风物，美在厚重人文风韵，美在秀丽城乡风貌，真可谓“大美重庆，美不胜收，美不尽言”，这已经是人们的共识，当然也是不争的事实。然而，我们也注意到，人们经常讨论这样的问题：重庆独特的文化品格到底是什么？重庆独特的文化魅力到底何在？对此，不同的人从不同的角度有着不同的理解，自然会有不同的答案，学者们也做过不少的研究，其结论不尽一致，莫衷一是。但是，我想有一点是可以肯定的，那就是重庆的大山大水、青山秀水在一定程度上塑造了重庆这座城市独特的文化品格和文化魅力。因此，在文旅融合发展的形势下，重庆必须注重继续提升自身的区域文化形象，牢牢把握“山水之城·美丽之地”目标定位，展现重庆“城在山水间，山水在城中”“有山有水、依山傍水、显山露水”的独特魅力，彰显生命之美、生活之美、人文之美；牢牢把握“行千里·致广大”价值定位，展现“诗”和“远方”的结合，让人们通过旅游获得精神上的享受，达到“天人合一、知行合一”的境界；牢牢抓住一批具有标志性、引领性、带动性的旅游品牌，真正让游客行之顺心、住之安心、食之放心、娱之开心、购之称心、游之舒心。“三峡”牌、“山城”牌、“人文”牌、“温泉”牌和“乡村”牌是最能彰显重庆文化品格和魅力的五张牌，而且，这五张牌集于重庆一身，具有独特性、不可复制性和不可替代性，其结合在一起所产生的综合效应也是其他任何城市难以比拟和企及的。我们只要打好这五张牌，就能够有效地提升重庆的区域文化形象，极大地增强重庆文化和旅游产业的发展驱动力和核心竞争力。具体地说，打好“三峡”牌，就是要按照“共抓大保护、不搞大开发”的要求，让一江碧水、两岸青山的千年美景焕发新风采、展现新魅力；打好“山城”牌，就是要完善城市功能，提升城市品质，让游客多视角分享山城美景，打造在国际上具有独特性的山地都市旅游品牌;打好“人文”牌,就是要保护好、利用好人文宝贝,让传统文化“活”在当下;打好“温泉”牌,就是要把重庆打造成为世界一流的温泉旅游城市和温泉疗养胜地;打好“乡村”牌,就是要把发展旅游与振兴乡村结合起来,把田园风光、秀美乡村变成聚宝盆。

本刊:旅游是文化的重要载体,旅游资源中蕴含着丰富的文化内涵。旅游资源的开发过程,同时也是对文化的抢救、传承和弘扬的过程。在文旅深度融合的发展过程中,两者如何协调发展?

唐青阳:旅游是文化的重要载体,旅游资源中蕴含着丰富的文化内涵。从产业发展的角度看,需要以文化发展旅游,用旅游传播文化。这里的“文化”既包括了现代文化,又包括了优秀的传统文化。在文旅融合发展的形势下,旅游资源的开发过程,同时也是对优秀传统文化的抢救、传承和弘扬的过程。二者之间并非对立的、非此即彼的关系,而是完全可以做到相辅相成、相互促进、协调发展的。国外在这方面有不少的成功例证可资借鉴。例如,我在英国剑桥大学做访问学者的时候,就看到,剑桥市中心有一座圆形教堂,修建于1130年左右,是剑桥的重要地标。教堂有一个独特的圆形正厅,周围环绕着粗矮的罗曼式柱子,与周遭其他哥特式的教堂大相径庭。该教堂里的陈列品具有很高的历史文化价值和宗教价值。更令人感叹的是,尽管教堂面积不大,而且随着岁月的流逝教堂的外墙已成了重重的烟熏色,但是这座教堂几百年来一直作为宗教场所在使用,牧师们在里面布道讲经,信徒们在里面礼拜唱诗,世界各地的游客则络绎不绝地来到此地“打卡”(指旅游)。“文物在使用中保护”早已是像英国这样文物古迹遍地的欧洲国家重要的文物保护理念。

我们重庆有着悠久历史,历史文化资源非常丰富,巴渝文化、民族文化、移民文化、三峡文化、抗战文化、红岩文化、现代都市文化熔于一炉。境内遍布着众多不同时期的文化遗产,有不少古镇名村、传统风貌街区、民俗民居、革命文物、抗战遗址。这些都是先祖先烈们留下的宝贵财富。在文旅融合发展的形势下,我们要把建设业态融合共生的历史文化名城作为建设文化旅游产业全域融合体系的重要内容。要深入挖掘巴渝文化、区县特色文化和民族民俗民间文化,把历史文化保护纳入城市规划建设,让历史文化元素植入景区景点,融入城市街区,促进产城景有机结合,提升城市人文内涵。要打造一批特色鲜明、产业融合的文化旅游商圈、街区、小镇和艺术之乡。要依托山城、江城的独特禀赋,传承巴渝特色,融入现代元素,为城市提升、乡村振兴提供文化方案,彰显“山水之城·美丽之地”的人文魅力。要深入实施优秀传统文化传承发展工程,推动优秀传统文化实现创造性转化、创新性发展,特别是要结合产业发展实际,以更高站位和标准加强历史文化保护利用,让优秀历史文化活在当下、服务当代。具体地讲,一是大力挖掘、保护和利用遗址、遗迹、遗产资源,传承人文宝贝,体现文脉延续;二是有序推进钓鱼城遗址、白鹤梁题刻的申遗工作,推进戏曲振兴工程,探索技艺、民俗、节庆、礼仪等非遗项目产业化传承;三是加快实施重庆古城墙、特园等一批保护项目,整体修缮、扩建、重塑合川钓鱼城等大遗址和洪崖洞、十八梯、白象街、弹子石老街等传统风貌街区,因地制宜开发历史文化名镇、名村和传统村落,彰显巴渝特色;

四是兴建重庆大轰炸纪念馆，引进知名企业和人士发展文博产业，壮大历史、革命、抗战、工业、自然五大博物馆群，推动文博场馆向文创基地延伸；五是鼓励文化文物单位与社会力量合作，开拓投资、设计、制作和营销渠道，开发一批高品质文创产品，尤其是鼓励传统文化产品与现代创意和时尚生活相结合，培育"重庆市特色文化新产品"。我想，只要我们通过前述一系列措施，综合施策，打出一套务实管用的"组合拳"来，在文旅深度融合发展过程中，旅游资源的开发与对文化的抢救、传承和弘扬是完全能够实现协调发展的。

专家简介：

唐青阳，法学博士，教授，重庆社会科学院党组书记、院长。毕业于西南政法大学经济法专业，英国剑桥大学劳特派特国际法研究中心访问学者，日本立命馆大学特别研修生。历任西南政法大学科研处处长、经济贸易法学院院长，中共重庆市委党校副校长、重庆行政学院副院长。中共重庆市委法律顾问、重庆市人民政府法律顾问；中国国际经济贸易仲裁委员会仲裁员、专家咨询委员会委员；重庆市仲裁委员会专家咨询委员会主任。长期从事国际法、经济法和行政法的教学研究工作，主要长于国际贸易法、国际投资法、世界贸易组织法和国际知识产权法等领域的研究。

铜梁龙:文化与旅游的共生共兴

王明凯
(重庆市作家协会,重庆市渝中区,400015)

提出这一命题,是因为铜梁龙作为中国龙、民族龙的优秀代表,不仅是铜梁的文化符号,也是整个重庆乃至中国龙文化的符号。这些年来,铜梁人在龙文化建设上走了两大步,获取了两块闪闪发光的金字招牌,一是龙与文化的融合,使铜梁龙成为中国文化的国家品牌,二是龙与体育的融合,使铜梁龙成为中国体育的国家品牌。但是,龙与旅游的融合才刚刚起步,尚未成为中国旅游的国家品牌,需要高屋建瓴的创新战略、落地生根的发展规划和扎实有效的实践行动,才能实现文化+体育+旅游三足协力的坚强支撑,实现文化与旅游共生共兴的发展态势。

一、理念:文化与旅游共兴

按照辩证法的观点,文化与旅游密不可分,二者相辅相成,辩证统一。站在文化的角度上讲,文化是旅游的灵魂,没有文化的旅游多半是浅显的,空洞的。对于广大游客和受众而言,初级阶段的旅游是浅尝辄止和浮光掠影的,高级阶段的旅游则是对精神愉悦和深度体验的向往,特别是随着人民对美好生活需要的要求不断增长,越来越多的旅游者正在或者已经跨入深度旅游阶段,文化便日益成为支配旅游活动的内涵支撑和发展旅游经济的重要引领。

站在旅游的角度上讲,旅游是文化的载体,没有旅游的文化难以创造完整的社会价值链和经济价值链。旅游是文化实现其教育、传承、娱乐、休闲等诸多功能的重要依托,是发掘、整理、传承、弘扬文化内涵的有效途径。促进文化与旅游的融合发展,是当今世界旅游发展的大势所趋和旅游先进地区的成功经验,旅游与文化的融合度越高,旅游产品就越精粹,旅游吸引力就越强,旅游经济就越发达。

文化和旅游,还是“读万卷书”与“行万里路”以及“诗”和“远方”的关系。世界上有有字之书,也有无字之书,文化就是有字的万卷书与诗行,旅游就是无字的万里路与远方,二者互为依托,共生共荣,都是我们获得知识、愉悦身心的重要手段,都是我们追本逐源、登高涉远的追求。徐霞客既是饱读诗书的学者,又是走遍天下的行者,“读书破万卷”+“达人之未达”,才有了名垂千古的

《徐霞客游记》，李白的《蜀道难》、杜甫的《登高》以及余秋雨的《文化苦旅》既是他们用笔写出来的，也是他们用脚走出来的。所以，从古时的《徐霞客游记》到当代的《文化苦旅》，都是文化与旅游联姻的花朵与果实。

如果把铜梁龙比喻为车，文化与旅游就是车之两轮，如果把铜梁龙比喻为鸟，文化与旅游就是鸟之两翼。令人遗憾的是，车之两轮不等速，鸟之两翼不同频的现象却是客观事实，更直白地说，文化与旅游，各自的文章都做得比较“丰满”（此指多的意思），但二者的融合还比较“骨感”（此指少的意思）。笔者认为，高举龙文化这一共同的旗帜，以文化为内涵，以旅游为载体，目读万卷书，脚行万里路，走文化与旅游深度融合之路，就可以全新破题、全面聚焦、全力推进，让龙文化在新的平台上舞动铜梁，使铜梁龙成为文化旅游的国家品牌。

二、机构：文化与旅游共组

为推动文化事业、文化产业和旅游业的融合发展，文化与旅游的机构共组已是大势所趋。2018年3月，新组建的中华人民共和国文化和旅游部宣告成立，2018年10月，新组建的重庆市文化和旅游发展委员会宣告成立，一个全国性的文化机构改革热潮已经到来。由此可以推断，就重庆而言，各区县文化和旅游机构重组的构想，已在官方的运筹帷幄中。

这一重大改革，不仅在机构上实现了文化和旅游的全面融合，还将有效扫除文化和旅游产业发展的机制障碍，进一步消融文化与旅游的原有产业边界，大力度、全方位、整体性地促进文化事业、文化产业和旅游业之间的深度融合。一是资源整合，使之产生全新的化合反应，从而激发出全域文化、全域旅游相交融的新业态。二是项目连动，使之实现两个领域产业升级的同步规划、同步申报、同步立项和同步建设。三是资本融合，使之促进投资合作的端口变大，实现文化与旅游开发的合纵连横，催生投资热点。四是政策聚合，使之凸显窗口特点，用新能量催生新亮点，给事业发展和产业升级带来更多的社会效益与经济红利。

这对于铜梁龙文化的建设，无疑将是巨大的福音。它可以将龙文化许多抽象的文化符号、模糊的文化记忆、残缺的文化遗址、疲软的文化热情，转化为游客和受众可以直接感知、直接观看甚至直接体验的文化产品，在食、宿、行、游、购、娱的旅游过程中，使一些静态的文化“活”起来，把一些失落的要素找回来，让一些濒危的品种旺起来，克服各自为政、相互割裂的消极因素，实现文化与旅游深度融合的全新模式。

三、思路：文化与旅游共建

在高举铜梁龙的旗帜下，文化与旅游的共建，应该在战略目标、规划布局和建设思路上提纲挈领和重点破题。

1. 目标——中国龙城

在已经获取中国文化和中国体育两张国家级名片的基础上，再创一张中国旅游的国家级名片，三张名片，三足鼎立，支撑起铜梁龙、中国龙、民族龙的响亮称号，让龙文化的形象在铜梁大地上熠熠生辉，在山城人民和国内外游客的心中定格生根，把铜梁建设成为全国首屈一指的龙都旅游城——中国龙城。这应该成为我们的发展战略和奋斗目标。

2. 布局——一心四区

一心：即以铜梁城区为中心，它既是铜梁旅游的领航中枢，又是龙文化内容的集中展示区，增加布局游客集散中心、龙文化主题公园、龙都大剧院、龙城滨河景观长廊和开展各种主题性的龙文化活动。四区：一是安居古城休闲度假旅游区，把铜梁龙与“中国四大古城”之一的品牌有机嫁接起来，使龙文化成为安居古城旅游文化闪闪发光的亮点；二是巴岳山—毓青山生态旅游区，在高山流水中舞起龙之风、龙之韵，让龙文化在大山深处的寺庙、道观、亭台楼阁和青山绿水中轻歌曼舞，精彩亮相；三是城市旅游拓展区，用一地一品的方式把铜梁龙的风采从城区拓展到新区，让铜梁龙在旧县、蒲吕等城市延伸区摇头摆尾，翩翩起舞；四是乡村休闲旅游区，让民间的舞龙活动扎根乡村旅游景点，引导游客走进美丽乡村，观龙舞，享美食，看山水，寄乡情。

3. 抓手——五个融合

一是“龙城”融合，把铜梁龙的文化符号植入城市建设之中，城市雕塑、大型建筑、道路设置、桥梁街道、宾馆酒店、广场公园、路标路灯、亭台楼榭等等，都有龙之名、龙之形、龙之音，让龙魂龙韵浸润在城市形象和灵魂之中。二是“龙文”融合，把龙文化元素融进城市文化、农村文化、街头文化、社区文化、企业文化、校园文化、机关文化、军营文化之中，融进各种演出、展览、比赛、体育竞技和舞台艺术、广场艺术与影视艺术之中。三是“龙农”融合，大力发展乡村旅游，让农村成为龙文化的生长空间，让农业成为龙文化的观光产业，让农民成为龙文化的参与者、建设者和受惠者，让龙文化建设成为解决“三农问题”新的突破点和脱贫致富新的增长点。四是“龙商”融合，把商业布点和龙文化产品的开发结合起来，设计龙文化旅游吉祥物，大力开发龙具龙灯、摆件挂件、帽子汗衫、笔筒纸扇、唱片光碟等旅游纪念品、工艺美术品、养生食品和旅游用品，实现研发—生产—销售一条龙，用龙文化形象创造两个效益。五是“龙旅”融合，借助市文化和旅游发展委员会等市级有关部门的力量，打通铜梁与市内外、国内外各大旅行社的沟通渠道，把铜梁龙城与东翼的合川钓鱼城和西翼的大足石刻连接起来，形成独具魅力的大都市郊区文化旅游专线，让铜梁成为国内外游客“非去不可”的旅游目的地。

四、活动：文化与旅游共舞

按照演出——旅游+龙舞为主，展出——旅游+龙灯为主，景观——旅游+雕塑为主，古镇——旅游+非遗为主的思路，创新五大活动平台，让文化与旅游共舞：一是“中华第一龙”城市雕塑，让它在未来的高铁站、现在的高速路口、景观大道和城区广场高高耸立，熠熠生辉，给广大市民和外地游客以先声夺人的震撼之感；二是“中华龙韵”实景演出，把龙灯龙舞、龙魂龙韵与铜梁的民俗文化和当地的真山真水融为一体，借助声光电等高科技手段，给人以强烈的艺术冲击力与感染力；三是“龙文化创意产业园”，形成研发一生产一销售一教习一传播一条龙服务产业链，闯出一条龙文化产业化的发展之路；四是“国际龙舞锦标赛”，创造条件，总结经验，进一步完善硬件设施和加强软件建设，让“国际龙舞锦标赛”作为固定项目落户铜梁，让铜梁成为享誉中外的龙文化家园；五是“中国龙文化旅游节”，把文化创造、体育发展、商贸活动嫁接在方兴未艾的旅游平台上，形成具有届别机制的文化盛会和旅游节日，让铜梁龙舞动巴渝风，让钢梁成为中国龙灯龙舞的文化高地。这是我们的热切期待。

加强政策措施保障，助力重庆文化发展新起航
——谈“十九大”以来重庆文化发展战略的保障措施

陶宇
（重庆市文化研究院，重庆市渝中区，400013）

习近平总书记在中国共产党第十九次全国代表大会所作的主题报告中指出“中国特色社会主义进入了新时代”，敲响了一个承前启后的时代钟声，引领着我们去深刻把握新的历史方位并沿着党和国家事业前进的方向开展新时代中国特色社会主义建设。报告更是进一步明确了新时代文化建设的基本方略，强调要紧紧抓住人民日益增长的美好生活需要和不平衡不充分的发展这一对主要矛盾，以文化建设为核心去满足人们的精神需求。

作为中西部唯一的直辖市，重庆因其悠久的历史、独特的地理环境，自旧石器时代起不断孕育且形成了独特而丰富的巴渝文化内涵，在不断变化的时代背景、社会条件下，重庆文化需要不断地被注入新的活力，从而产生向全国乃至世界范围不断辐射的能量；从现实来看，把重庆文化充分融入旅游、金融、制造、互联网等多个发展领域，将提高文化发展内涵，提升经济发展质量，最终有利于从精神和物质两个层面同时满足人民的需要。制定并实施新时代背景下的重庆文化发展战略，是落实十九大所提出的新时代文化建设的目标、着力点和基本要求的有效途径，符合习总书记关于建设社会主义文化强国、弘扬中华优秀传统文化的系列重要讲话精神，更符合其对重庆提出的“西部大开发的重要战略支点”“‘一带一路’和长江经济带的联结点”“内陆开放高地”“山清水秀美丽之地”的战略定位和奋斗目标，也是重庆想要在当前从全局谋划一域、以一域服务全局的有力保证。因此，制定符合新时代背景与要求的重庆文化发展战略，对于推动重庆的新时代发展来说，其必要性与紧迫性日益凸显。

实施文化发展战略，离不开相应的保障措施的制定和实行。市政府和各级文化主管部门作为战略实施的主导者和牵头者，尤其要做好文化发展政策、方案出台前的准备工作，从思路上理清逻辑，从条件准备上为参与者扫清障碍，只有这样，才能让文化发展战略理论符合实际，最终不至于沦为难以实施或实施成效与战略目标预期相去甚远的空谈。

实施新时代背景下的重庆文化发展战略，首先要加强党的领导。坚持和加强党的全面领导，要以全面从严治党为保证。以“五加二”的党建新格局，全面推进党的政治建设、思想建设、组织

建设、作风建设、纪律建设，把制度建设贯穿其中，深入推进反腐败斗争，使全面从严治党进一步系统化，使党的各项建设紧密结合、相互促进，从而提高党的建设水平和质量，锻造“自身硬”的坚强领导核心。加强党的领导，尤其要注意牢牢把握党对意识形态工作的领导权。意识形态决定文化的前进方向和发展道路，对一个政党、一个国家、一个民族的生存发展至关重要。要牢牢把握“两个巩固”根本任务，把树立“四个意识”、坚定“四个自信”作为建设社会主义意识形态的关键，坚持用习近平新时代中国特色社会主义思想武装全党、教育人民，深入培育和践行社会主义核心价值观，不断增强社会主义意识形态的凝聚力和引领力。

加强人才保障措施。加强人才保障，要注意做好“引才”与“留才”相结合。即一方面要创新引才来渝的方式和手段，根据不同层次、不同领域的文化人才的特点，采取组团赴外引才、来渝实践体验引才和项目路演引才等多种方式相结合；积极开展文化引才调研学习，学习借鉴国内其他省市、国外其他城市在吸引相关人才上的成功经验，找出重庆与其在人才吸引手段、人才待遇上的差距，力求在薪资待遇、工作环境、福利保障等上为文化行业人才提供有竞争力的支持条件。另一方面，在吸引人才的同时，要注意对现有文化人才的就业满意度做好跟踪回访，可以选取人才的重要聚集区，例如以互联网高新技术产业园、文化产业园、各大高校、中央商务区为试点，召集该区内的文化相关行业从业人员进行定期座谈，收集其对所从事工作的诉求，对管理部门的意见建议，从而有针对性地制订人才保障方案，并最终将这种机制以点带面进行推广。近年来，重庆市一直将对人才的引进，尤其是高层次、紧缺人才的引进作为政府工作的重中之重，但单就文化行业人才来说，其重视程度还远不如其他行业。而重庆文化发展战略的实施，离不开人才的保驾护航，需要探索出一个专为当前重庆文化行业而制定的人才吸引长效机制，而不再是像以往一样，将文化行业人才与其他行业人才“打包”，同等招聘、同等对待。要树立独有的引才品牌，让来自四面八方的文化人才都能在重庆“请得来，留得住”。

提升城市功能载体建设水平。城市功能载体与城市生产、生活息息相关，不仅是物质生产经营的资本，也是文化取得长足发展的物质前提。坚持规划先行，加大城乡规划建设统筹力度，编制一批针对重庆城市设计、美丽乡村建设的专项规划；要加快推进重庆城市交通一体化建设，建成一批以重庆西站为代表的城市交通综合枢纽，且着重解决服务质量提升上的重点难点问题；深入推进区域交通一体化建设，全面构建重庆与西安、郑州、武汉、长沙、贵阳、昆明、成都、兰州8个方向高铁运输网络，凸显重庆在区域中的铁路枢纽地位；围绕公共服务建设，要深化重点项目的规划设计，加快服务民计民生的民心工程的建设；加强各类博物馆、图书馆、区县“三馆”、基层综合性文化服务中心等主要公共文化服务设施的建设，提高公共文化设施、公共文化数字化内容对公众的免费开放程度；政府与媒体和社会其他力量通力合作，打造在媒体融合、媒介数字化等方面成效在全国居于前列的现代传播体系，增强重庆城市的对外传播交流能力。只有城市空间不断优化、对内对外联络通道不断完善、城市品位不断提升、城市面貌焕然一新，乃至人民能实实在在地感受到城市功能载体完善带来的好处，重庆的城市美誉度才会自然提高，文化发展便有了强大的内在凝聚力和动力。

不断解放思想，拓宽文化的跨界融合发展思路。作为现代化建设重要方面之一，文化建设必须与经济、政治、社会、生态文明的建设协调发展，这就要求制定文化发展战略不能只见树木不见森林，要勇于打破原有的思维桎梏。因此，在制定新时代的重庆文化发展战略之前要鼓励、推动文化与科技、文化与旅游、文化与金融、文化与制造等一系列的跨界融合尝试，对产生“1+1 > 2”效益、产生积极而广泛社会影响的尝试要加以重点关注和跟进，并且及时总结成功经验，以便为战略制定提供现实依据。在重点领域，要争做跨界融合的先行者，例如：推进公共文化服务与科技深度融合，建成集公共文化服务、文化产品交易、文化行业管理等功能于一体的重庆文化云平台，上线运行巴渝文化云和科普文化云，实现公共文化服务智能化、便捷化、精准化；推进文化产业与金融融合，发展文化金融，创新政府对文化企业的基金支持模式，创新文化企业融资模式、小微文化企业银行信贷模式，为文化企业解决金融难题；抓住重庆“网红”契机，推动全市热门旅游景区深入挖掘自身的文化内涵，对利用文化提升旅游产品和服务附加价值的，建立具体激励机制，以推动文化与旅游融合发展。

实施新时代背景下的重庆文化发展战略，还要注意做好城市文化品牌建设的探索工作。一个城市如果在制定或实施文化发展战略之前就已经树立了成功的文化品牌，有了让人记忆深刻的品牌形象，便拥有了一份宝贵的无形资产。多年以前，重庆就以“火锅”“美食、美景、美女”“魔幻3D城市”的标签形成了独一无二的记忆点，近两年借助多部热映电影，以“抖音“短视频为代表的新媒介对重庆特色的广泛传播，人们对于重庆形象、重庆文化的感知需求再一次被唤起。但上述的城市文化形象展示多具有自发性，非系统性，城市文化品牌创建的要素准备还不够充分。重庆亟须培育出自己的城市文化品牌，为文化发展找准战略基点。重庆城市文化品牌的设计建设需要进行相关的学术型研究工作，组织各科研机构、高校、社会团体与政府开展自由讨论，同时开展课题研究并形成理论成果或设计方案；要做好微观层面品牌建设，尤其是文化产业品牌建设的保障支持工作，成立品牌研究专家团队，帮助重点文化企业构建品牌体系；要注重国际视野，研发外向型文化产品，创新文化品牌营销传播方式。

参考文献：

[1]周廷勇.立足“两点” 建设“两地” 实现“两高”[N].重庆日报，2018-04-24(05).

[2]姚桓.深刻理解坚持和加强党的全面领导(深入学习贯彻习近平新时代中国特色社会主义思想)[N].人民日报，2017-12-15(07).

[3]陈磊.安全 高效 舒适 绿色　重庆交通开投集团：建设人民满意的城市交通[N].重庆日报，2018-01-30(06).

专家谈文化旅游融合

编者按：

文化是旅游的灵魂，旅游是文化的载体。两者相辅相成、相得益彰，实行融合发展，是中国经济可持续发展的战略选择。为进一步促进重庆文化旅游深度融合，推动全域旅游发展，本刊特邀相关专家教授对此进行深入探讨，以提供智力支持。

文旅融合发展的路径思考

周永康【西南大学文化与社会发展学院、重庆文化产业(西南大学)研究院教授】
陈永雄(重庆市文化旅游发展委员会产业发展处副处长)

西方发达国家的经验显示，人均GDP在1万至3万美元区间时是文化娱乐消费增长最快的阶段。2017年中国人均GDP已经超过8800美元，部分城市已经进入“人均GDP 1万美元俱乐部”。这意味着，中国文化娱乐消费增长的“最快阶段”即将来临，也意味着文化产业与旅游产业的大发展时代已经来临。

据原国家旅游局数据中心统计，2017年，我国国内旅游人数50.01亿人次，比上年同期增长12.8%，全年实现旅游总收入5.40万亿元，比上年同期增长15.1%。2017年全年我国旅游直接投资超过1.5万亿元，同比增长16%。其中全国已有144支旅游产业投资基金，总规模超过8000亿元。未来我国旅游度假产业规模将达10万亿，成为支柱产业，其中，文旅产业是最值得投资的产业之一。目前国内的文旅项目概算总投资规模已达数万亿之巨，参与其中的企业不仅包括恒大、万达、华侨城、中青旅等“巨无霸”，还包括华强方特、长隆、华谊兄弟、海昌、圣亚等拥有自主IP的大型玩家。2018年3月，国家设立文化和旅游部，足见文化与旅游之融合乃大势所趋，各路资本对文旅产业竞相追捧，市场蕴藏的投资潜力进一步被激发。中国文旅元年正式开启，文旅产业的“黄金时代”已经到来。

总的来说，文旅融合已成趋势，但如何实现文旅融合，显然还需要进行大量的实践探索和更深入的理论研究。在此，笔者不揣简陋，谈一谈自己对文旅融合问题的一些思考。

笔者认为，文旅融合主要包括三个层面：观念层面、体制层面、产业层面。

第一，观念层面的融合。这里的关键是清楚地认识文化与旅游的内在关系。事实上，文化与旅游自古即相生相伴、相互交融。旅游从根本上讲属于文化行为，古人所谓的“出游”，大多都被赋予了丰富的文化意义。具体而言,文化是旅游的灵魂,旅游是文化的载体。文化作为旅游的灵魂,可以提升旅游的内涵和品质,从而促进旅游业的可持续发展。旅游作为文化的载体,可以拓展文化传播的空间,提升文化的影响力;也可以加深人们的文化体验,促进文化消费。从经济和产业角度讲,文化是旅游最好的资源,旅游是文化最大的市场,两大产业相互交融,相得益彰。从更高层面而言,应使各级政府部门、相关企业和社会大众认识到,文旅融合对于增强国家文化软实力和中华民族文化主体性,提升文化自信等具有重要的战略意义。

第二,体制层面的融合。长期以来,文化与旅游在我国行政管理上分属文化部和国家旅游局。这使得文化与旅游在各自的轨道上独立发展,但事实上二者存在诸多交叉重叠的领域,这导致两个行政主管部门之间不可避免地存在着职能不清或职责混淆的情况。成立文化和旅游部后,二者基本实现了协调发展。目前,国家层面和地方层面的机构融合已经基本实现,但结构性的体制融合则需要一个较长期的过程。其中这几个方面的工作非常重要:其一,从文旅一体的角度来重新梳理整个管理体制、流程;其二,改变文化与旅游政策长期互相割裂的局面,系统梳理两个行业的现有政策,在此基础上,对两个行业高度关联的政策进行深度融合,建立政策体系的共享机制;其三,融合管理行为,以前的文化管理人员和旅游管理人员各有其独立的管理行为,长期形成的行为惯性会形成路径依赖,并在工作互动中产生种种矛盾、冲突,因此需要加强管理人员之间的管理行为融合,形成管理合力。

第三,产业层面的融合。这主要包括三个方面:资源融合、产品融合和跨界融合。资源融合是指深入挖掘文化资源和旅游资源,在此基础上进行有效整合。这里的关键是对文化资源特别是乡土文化、民俗民间文化的挖掘和整理,要突出文化资源的统摄作用。产品融合是指文化产品与旅游产品的融合:一是实现文化产业与旅游产业的相互渗透,包括产品链的互相渗透与整合;二是打破原有的产业边界,通过功能互补,拉长两个产业各自的价值链条,拓展产业范围;三是拆解两个产业的产品价值链,进行全新组合,形成新的产品价值链条。跨界融合是指在文旅融合中,要突破行业边界、地域边界,实行"文旅+"的创新模式。要充分利用移动互联网带来的新技术、新平台,在全域范围内,以资本、创意和智能为驱动力,实现全面的、革命性的跨界渗透、整合,形成全新业态、全新产品。

要保证文旅融合的可持续进行,进而促进文旅产业的健康发展,还需要特别加强以下几个方面的举措:

(1)深化体制改革,加强政策保障体系建设。首先,要进一步深化文旅融合体制改革,整合相关部门的职能、作用,建立起能有效促进部门协同的上下联动、权责利边界清晰、效率高的文旅融合发展新体制。其次,要建立完善的文旅融合发展的政策保障体系。除了前面探讨的政策融合之外,更重要的是要设计、制定、出台一系列具有前瞻性、战略性和指导性的政策,充分发挥政策体系的综合保障功能。

(2)处理好政府与企业、市场的关系。其中的关键是厘清各自的角色边界。政府应侧重扮演好政策制定者、推动者、监督者、服务者的角色。文旅产业发展要避免政府大包大揽,应以企业运作为主，突出企业在市场中的主体地位，充分发挥市场配置资源的决定性作用。企业作为市场主体，应以消费者为导向，认真研究消费者需求和心理，打造优质产品，提供优质服务，为消费者提供良好的消费体验。

(3)以IP创意为核心，打造文旅融合品牌。在当今的文化旅游市场竞争中，品牌是不可或缺的，它是获得长久发展的法宝，是赢得市场竞争的武器。目前，很多文旅融合产品呈现出同质化、平庸化的倾向。因此，文旅企业应充分利用文化与旅游产业的溢出效应和叠加效应，实现优势互补、互动共融，在此基础上大力实施差异化战略，抓住市场特点，通过IP创意，如创意新的文化故事、重组文化元素形成独具特色的新元素等，来打造品牌项目或品牌产品。

(4)采取多种形式和渠道来加大文旅融合型人才的培养。具体的形式和方法如：与高校进行合作，在专业设置和课程体系设计等方面整合进文旅融合的相关内容；加强文旅融合所需要的各类专业人才的技能培训；建立从事文旅融合研究、实践的高端人才智库等。

(5)突出文化的主导作用，坚持正确的价值导向。文化是旅游的灵魂，离开了文化的旅游是没有灵魂的旅游，不可持续。要让优秀的文化特别是优秀的传统文化借助旅游走进人们的生活。在文旅融合中，要坚持正确的价值导向，坚决杜绝文化糟粕，旗帜鲜明地反对历史虚无主义以及各种虚假叙事、过度戏说，要始终确保主流文化和主流价值观在文旅产业发展中的主导作用。

总之，我们要通过战略性、前瞻性、创新性的文旅融合，创造“1+1>2”的耦合效应，来实现文旅产业的跨越式发展。

重构“四个价值”，推进重庆文化和旅游融合发展

罗锐华(重庆社会科学院文史研究所副所长、研究员)

文化和旅游的融合发展，实质就是用文化的理念发展旅游，用旅游的方式传播文化。用文化的理念发展旅游，就是要在旅游发展的各个环节，充分体现文化内涵，通过先进的技术手段，将优质的文化资源和文化要素转化为旅游者喜爱的旅游产品，用文化的养分滋养旅游。用旅游的方式传播文化，就是要在旅游产业功能的基础上，发挥旅游的事业功能，在关注旅游经济效益的同时，发挥旅游在改善民生、促进文化进步、提升区域形象等方面的作用，使其达到社会效益和经济效益的“双效统一”。

2018年5月16日，重庆市旅游发展大会提出了重庆文化旅游品牌“行千里·致广大”的价值定位和“山水之城·美丽之地”的目标定位。“行千里·致广大”的价值定位既包含了人们现实的生活环境、生活方式、生活智慧等多方面内容，也蕴含了人生理想的大格局、大视野、大情怀，展现了“诗”和“远方”的完美结合，让旅游者通过旅游获得审美上、心灵上、精神上的享受。推进文化和旅游融合发展，要着力通过技术、产品、市场、企业等进行产业价值重构，突破产业边界，实现相互渗透、融合发展，推动价值生态系统不断更新，彰显重庆旅游发展“行千里·致广大”的价值定位和“山水之城·美丽之地”的目标定位。

技术价值重构。技术价值的融合将对不同产业的生产技术和工艺流程产生积极影响，在优化其产业资源、材料、技术、人工等成本结构的基础上，形成不同产业间共同的技术基础和技术平台，推动相关产业及支撑性产业的新型产品或服务进入市场交易。技术价值重构依托创意技术力量完成市场主体对客体的资源整合、创意构思、策略选择、品牌包装，健全生态保护、基础设施、营销推广等辅助技术体系，在降低文化、旅游市场主体生产成本的同时，为市场提供多元化、细分化的产品和服务。实施大数据智能化为引领的创新驱动战略，可持续加深文化旅游市场对信息技术的依赖度，大力发展和优化智慧旅游平台、景区4D／5D虚拟仿真体验馆、旅游垂直搜索引擎、旅游电子商务平台等设施设备，拓展文化和旅游融合所蕴含的巨大价值空间。依托文化创意产业服务平台，发挥投资融资、孵化企业、引领创新、降低成本、扩大影响等多重作用。扩大文化旅游产业资源的货币化、资本化、证券化，加快这些资源在各级各类市场上的流通。

产品价值重构。纵观全球现代文化产业和文化旅游产业发展的历程，文化品牌和产业品牌发展应当是当今文化发展最重要的特质之一。全球最具有文化旅游产业竞争力的国家和地区，同样也是文化品牌价值最大、文化品牌数量最多和文化品牌衍生速度最快的国家和地区。产品价值重构，要着力打造文化创意与旅游兼容的品牌集群，高度重视品牌在吸引资源、吸引游客、提升城市影响力方面的巨大作用，扩大文化创意旅游品牌在城市文化资本中的比例，努力争取获得国内外广大游客的好感和认同，发挥无形资产对有形资产、高端服务业对实体经济的巨大提升作用。以文化IP为标志的文化品牌发展业已延伸到了文化旅游产业，成为大幅提升文化旅游产业和产品竞争力的重要手段。通过授权、委托等方式，产品价值的融合还有助于扩大合作共赢的空间，发挥规模效益和网络外部效应，分散文化旅游企业自身的项目建设和经营管理风险。同时，要优化文化创意和旅游项目的空间布局，适应国际化现代城市向集约型、智慧化、生态化发展的大趋势，把城市的文化创意产业项目、旅游功能区的布局和城镇综合开发进行有效的叠加和整合。

企业价值重构。企业是产业融合中技术、产品和市场价值融合的最终实施者。在日趋激烈的市场竞争中，旅游企业跨界、转型意愿不断加强，旅游产业与文化产业融合带来高附加值和丰厚的盈利。一方面，多方投资、多种经济成分参与文化旅游产业发展，优质企业快速进入文化、旅游临界市场，如旅游企业选择优质文化资源或要素供应商，试图通过跨产业、多元化经营降低生产成本，通过业务融合形成差异化产品和服务。另一方面，在文化旅游统一市场体系中，中小文化旅游开发商或经营主体实现专业化定向发展，通过独资、引进外资、合资、租赁和出让开发权等多种方式介入文化旅游目标客源市场、资源供给市场与配套要素市场等，通过企业重组和业务流程再造，更好更快地实现市场响应，推动企业价值的自我完善和动态更新。企业价值重构可培育大批兼有文化创意和旅游开发功能的跨国公司和专业化的供应商、服务商、中介商，大力发展充满活力的中小微企业，依托产业发展规律，形成文化创意与旅游融合的价值链、服务链和供应链。

市场价值重构。文化和旅游融合中市场价值的整合主要表现在：一方面，可将公共文化服务体系及重庆地域文化品牌通过市场化推介手段应用到旅游产业中，引导旅游市场消费能力、产品体系和营销模式实现外向型拓展，使旅游产品统一纳入已经形成较高辨识度的重庆地域文化品牌中；另一方面，既有的文化产品(服务)体系、营销渠道与旅游市场相结合，使文化产品的消费方式和旅游产品的销售模式相耦合，形成内容和渠道的优化组合。市场价值重构可培育发达的文化创意产业和旅游市场，依托强大的文化创意研发主体，形成有创意的“智慧核”“创新核”，开发包括文学、影视、动漫、游戏、视听艺术等文化创意内容产品，采取渠道传播、品牌营销、衍生产品、形象塑造等多种举措，带动更大范围的旅游消费市场。在市场机制作用下，推动要素集聚，使食、住、行、游、购、娱等相关产业不断向文化旅游资源所在地优化配置。我们应发掘、创造更多潜在或隐性的消费者内在需求，催生新型的文化产品或旅游服务，为文化和旅游产业提供巨大的外推力。

对文化与旅游融合发展的一点思考

刘宏毅(重庆工商大学文学与新闻学院教授)

文化和旅游，不是两个平行的概念，而是在人类的行为中高度交织在一起的。旅游作为一种人类活动，在不断演进过程中深度卷入文化领域，对文化的诉求加大的同时，也成为当地文化的一部分。

文化和旅游要协同发展，在我看来应该从两个方面加以思考：第一个方面就是文化旅游项目化，或者说旅游项目文化化。这是各地打造旅游产业的一个重要方面。所有的旅游项目，都因为时代的发展、旅游者品位的演进而提升。旅游类别的不断变化和丰富，促使文化快速发展，丰富的文化内涵又逐渐成为旅游项目本身号召力的核心内容。所以，旅游项目在打造过程中，一定要文化化。文化化的路径，我们后边再专门讨论。第二个方面就是旅游文化化。这不是从旅游产品角度思考，而是从旅游者的角度来说。旅游者过去那种走马观花式的旅游模式，使旅游者仅仅了解旅游地的皮毛。打卡式的浏览、炫耀式的传播虽仍盛行，但很快将成为过去。浅度的、不涉及文化的旅游正在不断地消退，特别是大量新生代的旅游者成为旅游主体后，旅游正在走向深度旅游状态。

如何让花了时间花了钱的旅游变得更丰富，更饱满，更有意义，更让自己难以忘怀，更容易在自己的社交圈中进行深度交流和获得分享的快乐？一方面旅游者要不断地丰富自己的文化素养，另一方面要在旅游中挖掘旅游资源，探究旅游产品的文化内涵和丰富的人文价值，并从中获得愉悦的体验。

作为旅行者，要适应当下的发展潮流，要让自己成为一个具有文化挖掘能力和文化再传播能力的优秀的旅行鉴赏者。每到一地，都愿意沉下心来深入了解所见的旅游产品，挖掘其表层下边的真实文化内涵，特别是历史文化背景。要加强自身的修养，养成思考和解析文化、整理信息的习惯。出行前，做好充分的背景知识梳理，事先积蓄起强烈的文化探索欲望。有了这种好的习惯，深度旅游便会自然生成。

文化和旅游融合发展的另一个方面，就是旅游产品的打造。如何把文化与旅游进行高度的结合是应探究的主要问题。个人认为有三种方式。首先我们要研究旅游发展的规律，也就是说，要找到旅行中涉及文化并可以提升旅游产品价值和市场号召力的要素，对它做规律性的总结。这种规律可用于新型旅游产品的开创打造和旧旅游产品的升级改造。其次就是应该有一批具有现代商业头脑的真正的文化人加盟，让他们对旅游产品本身具备的历史文化内涵和现实价值做全面梳理，使旅游产品的文化内在逻辑串联起来，让旅客可以得到有效的文化体验。把文化有形化，把文化产品化，这是文化产业研究的一个重要内容。这里面所遇到的困难是：一方面，许多人不懂文化产业，不会把文化产业化，他们能做的通常是理性批判和学术性梳理，就旅游产品而言，其文化太"浅薄"，太"僵硬"，这一类的文化人大都无法提出有效的办法把文化真正有效注入产品中，体现在旅游上，融合到旅游流程里。另一方面，真正懂得商业运行法则的人，却又多是单纯的商人或更侧重于商务实作的人，对文化了解不深、不全、不成体系，对文化的兴趣不浓，因而更多地做出一些商业项目，而其内在的文化多为"伪文化"或"包装性的文化符号"，可持续性受到挑战。因此，既是真正的文人同时又深谙商道，懂得把文化产品化的人，才是文化与旅游结合所需的真正的人才。所以，我要强调的就是选择最适合的人来进行文化旅游产品打造。最后就是在旅游产品的推广中，除了要强化那些在一瞬间能激发人的兴趣或者说吸引眼球的宣传模式，更要展示、要提及、要彰显自己丰富的文化内涵。也就是说，我们在推广思路上要有创新，要脱离简单的概念化的文化解说，更要防止简单的外观展示而忽略内涵的强化呈现。当然，这一切是建立在旅游产品本身具有真实强大的文化内涵基础之上的。文化的本土化和文化内涵中的可体验价值的挖掘，以及体验设计和创新等，都是极重要的环节。

名角汇天府，蜀戏纳百川

——第四届川剧节优秀传统折子戏展演综论

樊明君
（四川省川剧院，四川省成都市，610016）

昆高胡弹灯、生旦净末丑，手眼身发步、唱念做打舞，蜀戏纳百川、名角汇天府。

第四届川剧节“百川汇天府——优秀传统折子戏展演”，于2018年10月21日至25日，11月10日至11日在川剧“戏窝子”成都锦江剧场举行，历时22天，共演出7场34个传统折子戏。多个专场一票难求，演出中掌声、喝彩声热烈，演出结束后观众赞誉不断，往往曲终人不散。

这次展演可谓行当齐整、台风严谨，声腔共和、流派纷呈，名角旧作演新意，新人新秀传经典。

来自四川、重庆参演单位的老中青三代川剧演员，齐聚第四届川剧节优秀传统折子戏展演舞台，他们倾情的奉献、精彩的演出，充分展示了近年来川剧表演艺术传承发展的成果。这次展演实地检阅了川剧表演艺术的人才队伍。

昆高胡弹灯，五腔共和鸣

本届川剧节优秀传统折子戏展演参演单位既有省、市级剧院（团），也有县级和民营剧团，演出剧目既有如《打神》《情探》《六月雪》等常有搬演的经典名剧，也有如《珠帘寨》《太君祭甲》《钓金龟》等较少演出的冷背戏。既有《思凡》《打神》《挂画》《拿虎》《夜奔》《衣冠梦》《乔子口》等旦行、生行和丑行独角戏，又有《长生殿》《情探》《杀惜》等生旦对手戏，还有《把宫搜诏》《珠帘寨》《太君祭甲》《八阵图》《铡侄》《铁龙山》《北邙山》等热闹的排场戏。既有唱功戏，也有讲纲戏，既有做功武戏，也有唱念文戏。内容丰富，形式多样。

在本次展演中，高腔、胡琴、弹戏三头并进，昆腔、灯戏边缘化严重。34折展演剧目中，高腔13折、胡腔9折、弹戏9折、灯调2折、昆腔1折。高腔依然在传统川剧折子戏中占有最大比例，胡琴、弹戏两种声腔也有较好的传承和演唱。而昆腔则出现了只在个别折子戏中保留一首或一段演唱的情形，比如《思凡》中小尼姑出场时唱的“昔日有个目连僧，救母亲临地狱门。借问灵山多少路，有十万八千有余零”的“诵子”用的就是昆腔，除此以外，基本是仅仅在某一曲牌中唱一个“昆头子”的“例行公事”了，而且这样“例行公事”的“川昆”演唱也大多出现在由武旦、武生应工的载歌载舞折子戏中，而这些武行折子戏原本也非重头，常常被作为武生、武旦边唱边舞时的陪衬，有的甚至就直接以竹笛或唢呐伴奏代替演员演唱。昆高胡弹灯，原本在川剧五大声腔中被列在第一位的“川昆”到而今变成了川剧五大声腔之尾，成为高腔、胡琴、弹戏三大声腔之外的陪衬。对川剧昆腔的抢救、传承任重道远。

本次折子戏展演中唯一的全折戏都用昆腔演唱的剧目是成都市川剧研究院演出的猴王武戏《偷桃盗丹》，该折戏以其“唯一的猴戏”、“唯一的昆腔”两个唯一而更显其珍贵。

川北灯戏重镇的南充市川剧团因有其他演出任务，没能参加本次折子戏展演，作为川剧四条河之一的“川北河”缺席本届川剧节折子戏演出，因而灯调剧目在本次展演中就仅有天府新区川剧团演出的《收黑虎》和邻水县文化馆演出的《拿虎》两则。昆腔、灯调在本次折子戏展演中的边缘化现象实际上也是近年来川剧传承现状的真实反映，也是川剧声腔近年传承发展状况的一个缩影。

生旦净末丑，行行有状元

参加本次展演的演员既有崔光丽、何苓、刘谊等中国戏剧“梅花奖”得主，也有在第四届青年川剧演员比赛中获得一、二等奖的雷云、陶虹、万多、薛川等青年新秀。参加本次展演的还有重庆市川剧院沈铁梅的“四大弟子”周露、白孟迪、周星雨、吴熙，成都市川剧研究院余洛州、龙杨、李熙、任慧玲、文冬等年轻新秀，绵阳市艺术剧院蒋婷、仇小青、刘丹等青年旦角，以及陈丹竹、龚明、李正良、陈敬思、聂绍红、黄淑芳、曾中寿、邓发蓉、康厚继、黄涌、徐敏、谢红、陶虹、郑毅、李科、何洪庆、阳运志、张先贵、温益怀、蒋晓明、周剑虹、岳田霞、龙杨、陈作全、徐超、赵帮杰、张生等一批中青年名角。本次展演以齐整的行当，老中青三结合的演员阵容，传承演出传统经典，为观众展示了生旦净末丑五大行当的表演艺术。

生行中的文生、武生、须生、老生，生生出色；旦行中的青衣、花旦、奴旦、老旦、闺门旦，旦旦靓丽；净行中的黑头，唱功扎实；丑行中的官衣、袍带、褶子、襟襟、娃娃丑，丑丑可爱。本次折子戏展演中，老旦、花脸两个行当有戏、有角、有艺、有品，不足的是在川剧行当中特色与魅力独具的摇旦、丑旦在本次展演中没有剧目和演员涌现与展示，殊为遗憾。

同一个行当同一出剧目同一个角色，由不同的演员扮演，也是本届川剧节折子戏展演的一个特点。《打神》《六月雪》这两折戏就分别由四川省川剧院的何伶、遂宁市川剧团的龚明和四川省川剧院的刘谊、内江市川剧团的陶虹以各自不同的艺术风格和演员个性作精彩的演绎。《打神》一折，何伶与龚明均有各自不同的演绎，于细微处各见功力。刘谊和陶虹分别演出的《六月雪》也是各自有各自的精彩。

值得一提的是由邻水县文化馆优秀丑角演员温益怀演出的《拿虎》。这是一出具有“魔幻”色彩的川剧丑角戏，在本届川剧节“青年演员比赛”单元中，成都市川剧研究院优秀丑角演员薛川就凭借这折戏荣获了二等奖。《拿虎》是多年来在川渝两地舞台上演出场次多、演出路子多的一出传统折子戏。四川省川剧院名丑任庭方、重庆市川剧院名丑许咏明、罗吉龙以及合江县川剧团的张先贵等都擅演此剧，但川渝两地的丑角名家所演的《拿虎》又各有其道。

在本届川剧节“青年演员比赛”中演出《拿虎》的薛川演的是川剧名丑任庭芳的新路子，着重体现“老虎是老爷、老爷是老虎”的讽刺，更深刻地揭露题旨；而同样是在本届川剧节的“优秀传统折子戏展演”中演出《拿虎》的温益怀演的则是重庆名丑罗吉龙的传统路数，着重展示皮影木偶身法、载歌载舞的灯调和略显“魔幻”的喜剧内涵。

除成都市川剧研究院薛川、邻水县文化馆温益怀外，重庆市川剧院的优秀青年演员陈飞近年也常在川剧舞台上演《拿虎》这折戏。虽然陈飞也师从川剧名丑罗吉龙，但其所演的《拿虎》与温益怀演的《拿虎》相比，也是各有所长，有不同的理解与演绎。老一辈川剧名丑重庆市川剧院的许咏明、罗吉龙和四川省川剧院的任庭芳，对川剧《拿虎》这折戏均有风格不同的传承发展与创新，而在薛川、陈飞、温益怀这一辈川丑新秀的演出中，我们也看到了不同风格的演绎，“百花齐放、百家争鸣”在川剧传统折子戏的传承中可谓得到了充分的体现。

东南西北中，河道流派分。本届川剧节优秀折子戏展演在一定程度上体现了剧目所属的河道流派特色与演员的师承关系。比如川剧《拿虎》体现的不同风格与师承，邻水蒋晓明演出的《杀惜》所体现的著名须生杨昌林的表演风格，重庆市川剧院四个旦角演员的唱腔所体现的川剧名旦沈铁梅的唱腔特色，以及内江市川剧团演出的《钓金龟》、泸州非遗传习所演出的《八阵图》等戏所体现的资阳河、泸州河河道的戏脉。当然，最具河道特色的川北河灯戏的缺席，使本届川剧节传统折子戏展演流派河道特色体现得不充分，是一个遗憾。

七串项链、三十四粒珍珠

如果把“百川汇天府——优秀传统折子戏展演”的七场演出喻为七串美丽的项链，那么三十四折精彩的剧目，就是构成这些项链的珍珠。

第一场，传统经典演情怀。

首场表演由遂宁市川剧团、郫都区振兴川剧团联袂进行，《太君祭甲》《扫松》《打神》《珠帘寨》四折传统折子戏，分别由老旦、须生、青衣和花脸四个行当的演员担纲主演，高腔、弹戏、胡琴三种声腔交替演唱。台上演者一丝不苟，台下观者如痴如醉。原汁原味的四折传统经典折子戏，如同一个漂亮的凤头，为本届川剧节优秀传统折子戏展演开了一个好头。

首先登场的是弹戏《太君祭甲》。来自郫都区振兴川剧团的老旦演员陈丹竹扮演佘太君，她将弹戏苦皮唱得字正腔圆，演来壮怀忠烈，整折戏传递着浓浓的忠烈之气与家国情怀。

首则《太君祭甲》唱忠，次折《扫松》演孝。由遂宁市川剧团演出的第二折《扫松》，出自传统川剧《琵琶记》。扮演张广才的老生演员雷云，以行云流水般的行腔，用川剧胡琴唱段，把赵五娘“卖青丝葬双亲，罗裙兜土埋二老”的孝老爱亲情怀唱得感天动地。

遂宁市川剧团青衣名旦龚明在第三折戏《打神》中扮演焦桂英，唱做俱见深厚功底，把痴情而无助的焦桂英演绎得生动传神。龚明在剧中的唱功、水发功和后面运用的飞跪上神台、抢背翻下弓马桌等技巧也充分展示了青衣旦在唱念基本功之外的翻跌功夫，对表达和外化焦桂英内心的愤懑与无助无依的悲伤都起到了较好的辅助作用。

首场最后一折是《珠帘寨》。郫都区振兴川剧团的花脸演员李正良扮演的李克用，声如洪钟，念白声情并茂、铿锵有力，与扮演陈敬思的生角演员叶永学在台上的胡琴对唱高亢激越、入韵入味。

第二场，海纳百川演蜀戏。

第二场首先出场的是达州市文化艺术中心的聂绍红，他演出的是川剧胡琴《萧何追韩信》，这折戏演的是人们耳熟能详的萧何月下追韩信的故事。传统川剧"以鞭代马"的表演程式，由扮演萧何的聂绍红时而急驰、时而前瞻、时而翻山越岭、时而跨越涧溪的"趟马"逐一跃入观众眼帘。聂绍红在该折戏中的唱做表演把萧何追赶韩信时的急迫、追到韩信时的欣慰以及追回韩信后的得意忘形都表现得恰到好处，特别是追回韩信后，与韩信双马齐驱回汉营时的返老还童表演，演出了萧何彼时彼景下的喜悦心境。

第二折是由绵阳市艺术剧院带来的川剧弹戏《挂画》。扮演耶律含嫣的青年演员蒋婷舞台形象甜美，在《挂画》这折做功戏中，以高难度的跷功、水袖功和帕子功为观众带来了一段堪称完美的"椅背上的芭蕾"。她透过足尖上的舞蹈和细腻传神的表演，把少女耶律含嫣"小鹿撞胸"般的心跳外化传递给了台下的观众。

值得一提的是该折戏在传承的基础上有了创新，蒋婷扮演的耶律含嫣与刘丹扮演的丫头一起合作表演的帕子功不仅增添了耶律含嫣少女的顽皮与童心，同时也体现了该剧的创新传承。有技巧有感情，有歌舞有人物。

第三折是内江市川剧团演出的《衣冠梦》，由黄淑芳扮演崔氏。她把梦境中的凤冠霞帔与荣华富贵表演得引人入胜，梦醒后的失落情绪也在一句"原来是场梦"的大白话中生动传达出来。值得一提的是黄淑芳在该折戏中的"哈哈腔"，唱出了川剧海纳百川的博大胸怀。老一辈川剧表演艺术家们常有从四川扬琴等曲艺中吸取唱腔精华的先例，而今在传统川剧的传承中我们依然要广纳百艺、海纳百川。

第四折是绵阳市艺术剧院演出的川剧弹戏《失子惊疯》。由仇小青和刘丹两位年轻演员联袂合演的《失子惊疯》艺惊四座，二人同步飞身坐莲、碎步圆场，惊疯表演既一气呵成，又抑扬顿挫，表演中轻重缓急拿捏到位。两个头脑清醒的演员在台上演绎角色疯癫的神情，竟是那样传神。不像不是戏，真像不是艺；似与不似间，是戏又是艺。

第五折是由巴中市川剧团的曾中寿、邓发蓉演出的《长生殿》。他们以唱传情，把唐明皇李隆基与贵妃杨玉环的情真意切唱得唯美动人。

"明亮亮灯光往前照"，脍炙人口的经典唱段，在由内江市川剧团演出的《马房放奎》中唱响。康厚继在第二场第六折戏中扮演的义仆陈容，在口条功等基本功的规范展示基础上，声腔的行腔有创新，有个性，有风格。“一步低来一步高”这句唱词康厚继在尾腔上没有按常见的唱法拉高音，而是反其道而行之，唱得低回婉转，更显义仆陈容的柔肠与义胆。

第二场最后一折是由天府新区川剧团演出的《收黑虎》。剧中生活气息浓郁的灯调，为这个上古神话增添了不少人间烟火。黄涌扮演的云中君在剧中表演的虚拟杀猪程式风趣形象，充满民间生活情调，俗到极致则为雅的蜀戏审美在该折戏中有所体现。

第三场，河道流派百花开。

第三场演出由内江市川剧团和宜宾市酒都艺术研究院组台演出，四个折子戏吹来一股清新的川剧河道之风，具有典型资阳河风格的剧目《钓金龟》率先登场。

由内江市川剧团徐敏和康厚继二人联袂演出的《钓金龟》情真朴实、感人至深。徐敏在剧中以老旦应工扮演张母，康厚继则以娃娃丑扮演张义。徐敏扮演的张母讲口清楚，传情达意，康厚继扮演的张义则于憨厚中显本真，于不经意间见真情。两人的表演充满浓郁的民间气息和母子亲情温暖。

娃娃丑，在川剧丑行中颇具独特而鲜明的个性。其大多都是以表现民间亲情为内容的接地气剧目中的可爱角色，如《柜中缘》中的淘气，《烙碗记》中的定生，《张浪子嫁妈》中的张浪子等。这些娃娃丑在台上表达与传递的都是孝老爱亲与崇尚邻里和睦的传统美德，因而他们都很有观众缘。《钓金龟》中的张义也同样属于这类“面丑”心美的娃娃丑。《钓金龟》这折戏展示了母子之间的亲情，老旦和丑角演员很好地完成了这折戏的传承演出。

由宜宾市酒都艺术研究院演出的《思凡》是一出独角戏，谢红在该折戏中的精彩演唱，让观众忘却了时间，随着台上小尼姑的一忧一愁、一叹一苦、一喜一乐而痴醉其间。

谢红在《思凡》中扮演的小尼姑扮相清秀、唱腔清脆、表演清新、身段轻盈。“上场昆曲定场诗，自报家门述平生”的传统表演程式严谨中有活泼，演唱有情感、讲白显个性。谢红将“小尼姑年方二八正青春”的名家名段唱得原汁原味又清新可人。

本场演出的第三折戏是由内江市川剧团的陶虹演出的《六月雪》。陶虹在该折戏中的唱演都有很好的传承，窦娥的跪步、坐莲、水发、平台碎步、转体僵尸等技巧也较好地起到了为人物为剧情服务的作用。陶虹将“满心揣着不平怨，流不断凄凄惨惨泪涟涟”的窦娥奇冤唱得感天动地。

最后一折是由宜宾市酒都艺术研究院演出的《把宫搜诏》。这是一出讲纲戏，郑毅扮演“粉壳壳”曹操，其净角讲口有韵有势；扮演穆顺的演员杨俊表演生动，将穆顺数次被曹操放走又被召回的心理变化表现得入情入理。这折戏中穆顺在与曹操的对白中指桑骂槐骂曹操“奸虫”的桥段颇为精彩。

第四场，四川省川剧院三朵梅花开。

本届川剧节优秀传统折子戏展演第一个院团专场——四川省川剧院专场作为第四场登场亮相，由崔光丽、何伶、刘谊“三朵梅花”领衔，优秀青年演员万多、李科等联袂演出的五个折子戏正如五颗美丽的珍珠，在演出前让观众充满期待，在演出中精彩纷呈，演出后赢得众人交口称赞。

李科的《铡侄》腔圆字正，崔光丽的《情探》深情动人，何伶的《打神》细腻走心，万多的《跪门》

艺精技炫，刘谊的《六月雪》动地感天。生旦净丑，唱念做打，见人见物，有情有戏。

由李科演出的第一折戏《铡侄》率先拉开第四场演出的序幕，观众耳熟能详的川剧弹戏“襄阳梆子”一下子就吸引住了满场的观众，李科荡气回肠的演唱把包公刚正不阿的精神传神地立在舞台天地间。

接着登场的第二折戏是由中国戏剧“梅花奖”获得者崔光丽演出的《情探》，这折川剧传统经典，不仅以文辞典雅名动剧坛，更因是川剧大师阳友鹤先生的代表剧目而代代传承，搬演不断。崔光丽此次演出的《情探》，传演的就是原汁原味的阳派路子。在焦桂英出场后的“行路”表演中，崔光丽的碎步圆场“行不动裙、飘逸轻盈”，其间崔光丽两次运用了“搓步”身段来完成焦桂英背向观众时的“抽泣”，以达到情绪传递的目的。崔光丽的表演情绪饱满、情感真挚、细节处理细微细腻，达到了以情动人的效果。

“搓步冲天袖”是阳友鹤先生在《情探》一折戏中为焦桂英这个角色创造的独有表现手法，这一身段表演在所有的川剧《情探》折子戏演出中都有各自不同的运用，而崔光丽运用得更为恰如其分，这缘于崔光丽在十六岁那一年有缘得到阳友鹤先生的亲传，因而在其演出的《情探》中，我们才得以见到更多原汁原味的阳派表演艺术在剧中体现。

崔光丽演出的《情探》与近些年我们经常见到的《情探》演出相比，还有一个明显的不同，这就是“梨花落，杏花开，梦绕长安十二街”的这段脍炙人口的经典唱段，崔光丽没有唱谱腔，而是把这板《一枝花》用徒歌式的清唱来完成。这板经典唱段，词美曲好，因而不断有创新与发展。这种在传承基础上的创新，自阳友鹤先生起，川剧艺术表演家们就一直在进行。阳友鹤先生将此前用“园林好”曲牌的演唱改为用“一枝花”曲牌，使这段唱腔的曲调更加的婉转伤怀；后来的川剧表演艺术家左清飞又引入民乐伴奏，使之悦耳动听。正是有了川剧表演艺术家们一代又一代的不懈追求与推陈出新，才有了今天川剧《情探》的迷人艺术魅力。此外，值得一提的是在该折戏中扮演王魁的优秀小生演员何洪庆，他天赋金嗓，扮相俊秀，在该剧中的演唱获得观众的高度赞许。

第三折戏是《跪门》。由第三届川剧节青年演员比赛一等奖、第四届川剧节青年演员比赛二等奖得主——优秀青年演员万多扮演须贾，官衣丑表演程式规范严谨，飞跪、水发功、倒硬人等绝技的运用干净利落，恰如其分地表达了人物内心的惊恐。

由中国戏剧“梅花奖”获奖演员何伶演出的第四折戏《打神》，情感深、演唱精、表演细，人物情感连绵不断。透过悲苦的唱演，何伶把焦桂英这个舞台人物形象鲜活地呈现在观众面前。焦桂英悲愤与无依无助的神情直抵观众心口，让人久久回味，难以忘怀。

省川剧院专场演出的最后一折戏是由中国戏剧“梅花奖”获奖演员刘谊演出的《六月雪》。形象秀美的刘谊在《六月雪》一折中以唱做俱佳的表演为观众带来又一场艺术享受。她在水发功、水袖功、跪步等技巧中融入角色情感，使舞台上的窦娥与舞台下的观众产生情感共鸣。好一出感天动地《六月雪》！

省川剧院折子戏专场还出现了一个难能可贵的现象，这就是每折戏都能从舞台展现过程中看出演员的师承。从官衣丑万多演的《跪门》中，我们能看到从名丑周裕祥到任庭芳的丑行师承；从崔光丽演出的《情探》中能看到大师阳友鹤的些许影子；从《铡侄》中能看到著名川剧花脸何伯杰的严谨台风；从何伶演出的《打神》中能看到她的博采众长；从刘谊演出的《六月雪》中则能看到邱明瑞导演该剧时塑造的窦娥这一艺术形象的影子。

第五场，生旦净丑演文武。

第五场演出在泸州河川剧代表剧目《八阵图》高亢激越的“武场面”锣鼓声中热闹开场。第五场折子戏专场由泸州市非遗传习所和邻水县文化馆组台演出，《八阵图》《拿虎》《杀惜》《拔火棍》四折传统经典戏次第登场。

“功盖三和班，名成八阵图。”巴蜀鬼才魏明伦在其代表剧作《易胆大》中所塑造的舞台人物——“三和班当家武生九龄童”，其生活原型就源自泸州、自贡一带的传统名剧《八阵图》。“一根翎子动”“硬背壳”“倒硬人”三大绝技在魏明伦编的《易胆大》中成了“袍哥麻五爷”逼死九龄童的“手段”，也成就了关于泸州河名剧《八阵图》的一段传奇。

这三个被赋予传奇色彩的表演绝技，由泸州市非遗传习所武生演员阳运志通过所扮演的东吴都督陆逊，在川剧舞台上再现。阳运志在《八阵图》一折中扮演的陆逊，一路追赶刘备，误入迷阵被困，为了形象地表现陆逊左冲右突依然四处受困的窘境，阳运志娴熟运用“翎子功”中的“太极图”“凤点头”“一根翎子动”等技巧，既充分展示了“翎子功”绝技，又传递出陆逊被困阵中的焦急与无奈。“一根翎子动”这一绝技的展示，赢得全场观众的热烈掌声和叫好声。“丢飞卡”“硬背壳”“倒硬人”等技巧在演出过程中的运用也不断赢得观众的喝彩。

此外，在剧中配演诸葛亮岳丈黄承彦的老生张先贵，本色出演，未出场的马门放腔——“但开言叫一声陆逊都督”，一腔定乾坤，不仅解了陆逊都督的危难，也使该剧由前半场火急火燎的节奏进入到后半场缓唱慢讲、娓娓道来的节奏。

由邻水县文化馆演出的《拿虎》是一出略带“魔幻”色彩的丑角戏。邻水县文化馆的温益怀在剧中扮演茹德山，他贯穿全剧的木偶和皮影身法、舒缓悠扬的川剧灯调与全剧的“魔幻”内容融为一体，演出过程中笑料不断。值得一提的是剧中的“挂台口”表演和抵近观众的台词“现挂”都显示了川剧丑角演员过硬的场面把控能力。剧中的灯调唱词“爹娘哪里去寻儿子啊，儿子哪里去喊黄天”，他唱出了悲悯，感动了观众。

第三折是由邻水县文化馆蒋晓明、周剑虹联袂出演的传统经典折子戏《杀惜》。川剧生角“三杀”戏——《杀奢》《杀狗》《杀惜》都是功夫戏，《杀奢》《杀狗》重唱功，《杀惜》重做功。蒋晓明在做功戏《杀惜》中扮演的宋江动静有度，出场时的一曲吹吹腔，舒缓入韵，把宋公明温文尔雅的气度恰如其分地表现出来，但自“传宋江——传宋江——传宋江”一声急过一声的催促声起，蒋晓明扮演的宋江从情绪到行动都由缓转急，为去而复转、沿街寻物到愤而杀惜的后续做了对比铺垫。

蒋晓明的表演将“下楼、出院”的过程交待得清楚明白，为接下来的返场寻物打下基础，在“摸黑寻物”的表演中，蒋晓明手随眼动，眼随心走，眼中有物，心有急迫，加上“吹胡子瞪眼睛”以及“倒硬人”等身段程式的有机活用，把宋江由心急到大松一口气再到愤而杀惜的心路历程展现得丝丝入扣，成功塑造了宋江这个独特的舞台艺术形象。从蒋晓明的身段表演及唱腔运用等方面不难看出该剧艺术指导、著名川剧表演艺术家杨昌林的唱演风格。

扮演阎惜娇的周剑虹嗓音甜、讲白脆、表演灵，为《杀惜》这折戏的成功演出增色不少。

第五场演出的最后一折，是由泸州市非遗传习所演出的《拨火棍》。岳田霞在剧中扮演的杨排风棍法娴熟，在“打”孟良的“三追三赶”中，三个下场三套不同的棍法程式，多个不同的下场亮相，都展示了过硬的武旦功底。

在剧中扮演佘太君的老旦刘蕊梅，嗓音有共鸣，唱腔有范式，起到了较好的辅演作用。

第六场，成都市川剧研究院青年演员传经典。

第六场也是本次展演的第二个院团专场，由成都市川剧研究院优秀青年演员担纲主演。《五台会兄》《八郎回营》《望江亭》《偷桃盗丹》四折传统经典戏、三种声腔形式、五个行当演员，既展示了青年演员唱念做打的功底与川剧表演技艺，又展示了优秀传统经典折子戏在青年一代的传承成果，殊为难得。

首先登场的是《五台会兄》。余洛州扮演的杨五郎带戏出场，醉与非醉、似与不似的醉步，一出场就把杨五郎心有愤恨与不甘的情绪传递给了观众，接着的定场诗韵白与自报家门的程式也在略带酒态的醉与醒之间完成。当然，如能在演唱进程中将杨五郎愤而出家的情绪和人物心理一以贯之，则五郎人物形象会更具神韵。

在该折戏中扮演杨六郎的龙杨嗓音清脆，形象俊朗，唱演皆有范式，彰显了成为一个优秀生角演员的潜质。

京剧有《四郎探母》，川剧有《八郎回营》。在表现杨家将流落番帮的传统折子戏中，《八郎回营》是一出在川剧舞台上经常演唱的唱功戏。第二折《八郎回营》，剧中人物查氏的两段《锁南枝》特色独具。“叙事就唱红衲袄，抒情就用梭梭纲”，而叙事抒情兼具的“锁南枝”曲牌在《八郎回营》这折戏中，由青年演员李熙和陈作全演唱。

李熙扮演的查氏，将核心唱段演唱得入情入味。观众被深深吸引，场内鸦雀无声。值得一提的是，专场演出中的这折戏比我们平常看到的演出要长一些，后半折中陈作全扮演的杨八郎与李熙扮演的查氏在台上风趣而又深情的对唱，给全场观众带来了艺术享受。

第三折高腔《望江亭》中，优秀丑角演员薛川扮演的杨衙内前面袍带丑，后面褶子丑，既有规范的丑角程式，又有生活化的丑角机趣。薛川的表演，收放自如，演来得心应手，与由姚建、胡家豪扮演的张千、李万的插科打诨展示了不露声色的川式幽默，收到了很好的剧场“笑”果。满场观众时不时爆发的会意笑声就是对该折戏演员表演的褒奖。

优秀青年演员任慧玲表演大方，把聪慧、果断又机智大胆的谭记儿演得鲜活可爱。当然，如能在表演中再适度体现“渔姑李二嫂”背后的“闺秀谭记儿”气质，则这个舞台人物形象将更加完美。

可喜的是《望江亭》这折优秀川剧经典在青年一代有了可贵的传承，丑角薛川在这折戏中的表演与旦角任慧玲清新大方的表演使这折戏充满浓郁的生活气息而又“笑”果显著，得到了观众的认可。

第四折戏《偷桃盗丹》首先值得一提的是声腔，这是本届川剧节上出现的第一折全场唱昆腔的戏。其次值得一提的是这是一折“猴王”戏。“猴王”戏是在戏曲舞台上具有独特地位的戏，京剧、绍剧、川剧等都有“美猴王”，但是除了在近些年常有演出的川剧《火焰山》中，我们曾看到过唐康铭和牟锐扮演过“猴王”孙悟空，川剧舞台上已很少见到“猴王”戏了。令人欣慰的是，成都市川剧研究院的优秀武生演员文冬在本届川剧节上传承演出了这折《偷桃盗丹》。重庆市渝中区川剧团的老一辈名武生李奎光生前擅演“猴王”戏，《偷桃盗丹》也是李奎光的代表猴戏之一。文冬曾得到过李老师的亲授，因而演来也颇有几分李奎光老师的神韵。文冬在该折戏中啃仙桃、喝琼浆、吃金丹、摇酒壶等虚拟表演细腻若见物，在身背仙桃行进的表演中，一招一式演来，“猴王”意味浓郁。特别是在演出中有个下手演员两次出现枪头掉地的情况，文冬的现场应变也体现了其较强的舞台把控能力。

第七场，重庆市川剧院精彩收豹尾。

严谨的台风、出色的旦角，重庆市川剧院演出的第七场既是本届川剧节优秀传统折子戏展演的第三个院团专场，也是本届川剧节折子戏展演的收官演出。重庆市川剧院带来的六折经典戏犹如六粒珍珠，颗颗饱满、粒粒温润，为本届川剧节优秀传统折子戏展演收了一个漂亮的豹尾。

首先登场的第一折戏《铁龙山》，四卒四将四朝臣依传统程式严谨而考究地铺排，开场就展示了重庆市川剧院整齐的阵容和有序的台风。接着在粉墨登场的铁朔元、二王子、牛乃臣以及铁木耳等一干配演的烘托下，周露扮演的杜后在“无字歌”帮腔声中打马出场。

惊慌失措“冲台口”，虚张声势打朔元，歇斯底里冲撞铁木耳等一连串令人眼花缭乱的程式表演，把杜后又惊又恐却又抱有一丝侥幸的极端心态直截了当地展示在观众面前。

水袖、水发、飞身坐莲等旦角表演技巧的运用又接着对杜后几近崩溃的内心冲突做了形象的展示与外化。特别值得一提的是，周露扮演的杜后在表演中以一个旦角很少运用的“弓箭步”造型蹲了一个武生“式口”，以此来结束这段激烈的内心活动，并以此为界，开始后面的“卖妖娆”表演，“惊疯”前后的对比，一急一缓，一张一弛，充分演绎了杜后由心惊到疯癫的转化过程，故事情节交待清晰，人物塑造丰满。周露的表演赢得了观众的阵阵喝彩。

第二折《夜奔》中的白面虎肖方是川剧舞台上一个独具特色的形象。在这折戏中，肖方的装扮独一无二。他右肩高挑一只袖子，既像身背一杆杀人的长枪，又像肩挑一盏夜行的灯笼，也可看作江洋大盗肖方掩人耳目的障眼装扮。徐超扮演的肖方出场后，以一个干净利落的“片马”技巧快速隐入椅子背后，把一个恃勇逞强、玩世不恭、鱼肉乡里、目空一切而又面善心恶的白面虎肖方展示在观众眼前。

扮演肖方的徐超，扮相俊，讲纲好，把肖方夜奔、改名投军的来龙去脉和此后的打算去向等，通过独角戏的讲口做了清楚明白的交待。

第三折《包公赔情》，黑头包拯有刚烈有柔情，青衣嫂娘辨是非、明大义。这是一折净角与青衣的唱功戏，赵帮杰扮演的包拯，演唱既有高亢的铿锵，也有婉转的柔肠。重庆市川剧院演出的这折《包公赔情》最值一提的是，川剧弹戏“襄阳梆子”的乐队演奏，弹戏主奏乐器盖板子与由琵琶等弹拨乐器组成的伴奏乐器相得益彰，特别是在嫂娘数唱“更鼓”的抒情唱段中，琵琶与其他低音弹拨乐器在盖板子的领奏下，为高亢激昂的川剧弹戏融入了柔情，这是对弹戏声腔演唱的创新传承。在包拯演唱“胸中好似烈火烧”经典唱段时，盖板子与琵琶合乐和鸣的间奏与过门，丝丝入扣，垫腔而不抢戏，明显提升了川剧弹戏声腔的质感，使之更加优美动听。

第四折《乔子口》，白孟迪扮演的王春艾和褚涵卿扮演的春儿在台上为观众奉献了一场川剧视听盛宴。丫头春儿的几句讲白清新脱俗，王春艾与春儿的碎步圆场脚底沉稳，眼中有物。当然，该折戏最为精彩的当属白孟迪扮演王春艾演唱的弹戏苦皮倒板，一字慢板唱得稳，二流快板唱得准，夺子跺板唱得紧，经典唱段“数桩”不同于我们常见的传统唱法，有了创新与发展，顺数桩、倒数桩，腔中有情、腔中有人，腔中见物。白孟迪嗓音洪亮，天赋美音，将《乔子口》演绎得婉转动情。

第五折《北邙山》，扮演隗妃的周星雨能文能武，唱做俱佳，颇有“星”范儿。周星雨扮演的隗妃与周襄王和王弟姬叔带三人之间的表演有趣有戏有板样儿，与王弟姬叔带的“调情表演”传神传情，舞台步伐运用活泼。

后半折周星雨换装后的表演，功底深厚，身段生动，慢步微风摆柳，快步飘逸轻盈，磨步、梭步神形兼备。配演王弟姬叔带的武生演员张生表演的“下场”顺畅帅气。

第六折《灰阑记·审案》，剧情有些荒诞，颇有喜感。中国戏剧“梅花奖”得主吴熙扮演的杜鹃与审案的官衣丑一道，为观众带来了一出轻松的哲理悲喜剧。

《铁龙山》一折中扮演杜后的周露，《乔子口》一折中扮演王春艾的白孟迪，《北邙山》一折中扮演隗妃的周星雨，《灰阑记·审案》一折中扮演杜鹃的“梅花奖”得主吴熙，重庆市川剧院这四个优秀青年旦角演员，无论唱的是高腔还是弹戏，都充分体现了沈铁梅唱腔流派的特点，这是本届川剧节传统折子戏展演中唱腔流派特点体现得最为充分和集中的一场，这也表明川剧新的唱腔流派正在逐渐形成。

川剧节七个专场折子戏展演于2018年11月11日下午在成都锦江剧场圆满落下帷幕。台上演员倾情表演，台下观者云集。一时多少梨园豪杰，少年子弟江湖客，昆高胡弹唱得热，余音绕梁不绝。

青年戏剧评论者热议第四届川剧节

蒋长朋整理
(重庆市文化研究院,重庆市渝中区,400013)

编者按:2018年10月至11月,由文化和旅游部艺术司、中国艺术研究院支持,中共四川省委宣传部、中共重庆市委宣传部、四川省振兴川剧领导小组、四川省文化和旅游厅、重庆市文化和旅游委员会主办的第四届川剧节在成都举行。本届川剧节以"传承弘扬优秀传统文化,创新发展中国川剧艺术"为主题,推出了一批优秀川剧作品,展示了省级重点院团的实力,提振了基层县级川剧院团的创作信心,激发了广大群众看川剧、爱川剧的热情,对推广川剧、培育观众起到了积极的推动作用。在川剧节期间,十几个川剧大戏纷纷上演。这次活动激发了青年评论者看戏、评戏的热情。本文选编了十几篇文章的精彩片段,让读者可从中窥见本届川剧节之一斑,同时感受青年川剧评论的活跃氛围。

周津菁谈四川省川剧院革命历史题材川剧《金沙江畔》的创作

从主题上看,从1959年陈靖的小说《金沙江畔》到同时期同名评剧、川剧,主要都是在讲红军革命的钢铁意志和斗争精神,在此主题之下,矛盾冲突最为激烈的是"红军"和"白军"。2018现代川剧《金沙江畔》的主题,和原小说主题一脉相承,又有了新的发展。那时是战争年代,现在是和平年代,陈靖对于那段历史是经历者,而当下的我们对于那段历史则是回望者。创作的身份和姿态发生了变化,戏剧的主题也应当升华。如果用当下的语汇来描述和提炼"红军革命的钢铁意志和斗争精神",其实就是"初心"二字。"初心"就是2018现代川剧《金沙江畔》的主题思想。"初心"这一主题的确立,延续继承了"红军对信仰的坚守、钢铁般的纪律、义无反顾的牺牲精神"等优秀革命历史传统,同时展现了我们戏曲创作对当代思想诉求的回应。2018现代川剧《金沙江畔》通过展示长征路上先锋连以"初心"和真理战胜艰难险阻,最终维护藏汉团结,揭穿敌人阴谋,顺利北上的故事,展现了"初心"对于事业成功的重要性,有理有情地呈现了中国共产党信仰自信的历史依据,给时代文化以深刻的思想启示:在过去,在现在,在未来,在艰难险阻面前,我们都应该不忘初心,砥砺前行。从1959年到2018年,川剧剧本《金沙江畔》的主题实际上进行了"内转"。在这一次改编创作中，20世纪五六十年代文本所强调的敌我矛盾被放在了稍微次要的位置，而着重讲述红军心灵挣扎和成长的过程。20世纪80年代至今，川剧文学经历了一个蓬勃的发展时期，魏明伦、徐棻、隆学义等川剧名家创作了几十部优秀川剧文学剧本，其成功的关键，无一不是在揭露人物的内心矛盾，专注于心灵过程，写人写情。

重庆市文化研究院供稿

黎北昂论四川庞氏文化有限公司现代川剧《布衣张澜》

恰到好处的喜剧处理手法是全剧的亮点，第一场“布衣犟项”主要写张澜作为保路会领袖与四川总督赵尔丰分庭抗礼。其间赵尔丰代表的封建阶层想要抵押川汉铁路路权，而张澜却认为出卖路权实乃卖国求荣之举。张澜和赵尔丰二人的唱词更是将场上紧张的氛围一步步抬高，然而严肃的氛围又通过喜剧的处理方法冲淡。张澜被刀架在脖子上也丝毫不为权贵所动摇，唱到“贪官污吏似硕鼠，民脂民膏难满足，我等爱国来保路，视死如归舍头割。刽子手杀人如麻无其数，清朝顷刻必倾覆”，这时气氛已经紧张到了极点，没想到赵尔丰转怒为伪笑道：“表方先生言重了。”一张一弛之间，中和了舞台的气氛，调动了观众的积极性。本来是一场危机四伏、紧张氛围贯穿始终的戏，没想到赵屠夫下场时还不忘打趣说道：“吹个唢呐，我好下场嘛！”这样喜剧化的处理方式，不仅缓和了现场高度紧张的气氛，也把台下观众逗得哈哈大笑，有很强的喜剧效果。

采用四川话进行演绎是川剧表演的一大特色。川剧作为一种风格独特的地方剧种，以其浓浓的川味自立于戏剧艺术的苗圃之中，而在《布衣张澜》这部剧作中更是随处可见四川方言土语的启用和创化。全剧一开场，赵尔丰就称呼张澜为“犟脑壳”“犟骨头”，后来又称呼张澜为“叫鸡公”“方脑壳”。这种四川方言的称呼引得观众阵阵发笑，在打趣之余拉近了舞台与观众的距离，就算是外省人也能从中嗅到些许川渝滋味。正是通过这些川话，赵尔丰赵屠夫这一佞臣形象才被刻画得惟妙惟肖，也从侧面反映了晚清大厦将倾之际，贪官污吏个个如硕鼠的这一历史状况。剧中帮腔的运用也恰到好处。川剧的帮腔不仅以模仿角色的“声”为重点，而且更深层次地传递“情”的共鸣，从而达到渲染舞台氛围的效果。在第二场的末尾，张澜在进川当省长的路上遇见了绿林好汉王三春，在感化王三春后，帮腔唱到“非分之物不可占，非分之礼不可沾，非分之事不可办，非分之财不可贪”，在表达观众共同的社会道德行为认同之时，更是起到了一种教育作用。

成都剧评微信平台供稿

马露霏议自贡市川剧艺术中心现代川剧《还我河山》

川剧《还我河山》讲述了自贡几家盐商在救国救难问题上思想的转变，即从企图发国难财的“在商言商”到“买飞机，炸鬼子”的思想行为的转折。

该剧并未从高唱赞歌、单纯宣扬捐款行为这一角度来描写盐商们捐款的故事，而是以平视的角度来深入挖掘角色的内心，用事件来丰满角色，使其脱去脸谱化的模板。每个人物都有自己的考量，所思所虑都符合逻辑，整个剧情也都在回避高歌颂扬与伟光正大的批判。

剧中大部分都在展现“民族意识的觉醒者”与顽固派的斗争，而“斗争”在剧中的表现并非是你死我活的打斗、撕心裂肺的喊叫，最为激烈的也不过是女儿丹桂同颜三慎之间的一场争执，而这场争执最终也是以喜剧收场，即丹桂哭了之后，爱女的颜三慎怜惜地问女儿怎么哭了，丹桂边哭边说：“我看你哭了，我也就想哭了。”

在颜三慎这个人物的塑造上，该剧也并非将他打到大奸大恶的反派之中，而是通过表现人物的多面性，来诠释人性的复杂。如颜三慎的出场，是在盐工吵闹着要罢工时，如此嘈杂危急的局面，颜三慎三言两语便将事态稳定，盐工们也继续去工作。转过头，如此这般的大商人气势却在小女儿面前消失无踪，女儿让捐钱便捐钱，心里再不乐意也依旧照办。

而颜三慎多次向众人表示“我宁愿相信河山井十年不穿，也不信日本飞机炸自贡”，甚至对王余秀说，“要是日本飞机炸盐场，用手给她煎鱼吃”，以及那句“国家以前是皇帝的，现在是总统的，咋个是你妈妈呢?”的疑问，都把他的无知表现得十分到位。说到底，颜三慎是一个尚且没有形成国家意识、民族意识而心存善念的“愚民”。

成都剧评微信平台供稿

雍朝鑫论泸州市合江县川剧团现代川剧《乌蒙山脊梁》

该剧共有七场，分为问、护、销、斗、救、迁、圆，用七场来讲述第一书记张东海在贫穷落后的乌蒙山青瓦村扶贫之事。该剧中，最吸引人也是最有特色的地方便是人物的对白和唱词。第一场中，村民们和第一书记张东海见面时，幽默又接地气的对话瞬间把观众的全部兴趣拉到了舞台上，“嫩水水娃儿”“木脑壳丢腻子——假过场”“狗咬猪尿泡——一场空欢喜”“扫堂腿嘛……垮裤儿嘛……”这些令人捧腹大笑的四川方言，接地气的同时又不失风趣，插科打诨的手法应用到现代川剧中，让观众着实过了一把笑瘾。作为一出讲述扶贫工作的川剧，相信大多数观众在观看之前很容易把这部剧和政策、宣教、主流价值观教育联系在一起。而笔者认为，即便是政策剧、主旋律剧，也有传统艺术中民俗民风的表现和传承，丢舍不得，《乌蒙山脊梁》做到了。第一场中村民的热舞，把颇具民风的舞蹈呈现在观众面前，把村民们的朴实幽默呈现在观众面前，把戏曲中该有的“以歌舞演故事”呈现在我们面前，这便是成功之处。

对现代元素的应用在第二场中最突出，张东海和母亲用手机进行对话，这在川剧中是不多见的。导演用两束追光把两个角色串在一起，表达母子情深以及母亲对儿子的深深思念和担忧。我们常常会讨论，在戏曲艺术中加入非常明显的现代元素，其利弊孰轻孰重。一方面，现代元素的加入似乎使得戏曲的艺术性大打折扣；而另一方面，如果舍弃现代元素，传统戏曲能否仍然表现出一种现代感也值得我们深思。笔者认为，所有的舞台道具、服装、灯光，在多数情况下仅仅代表一种时代的符号，而非艺术的水准。假设在这一场戏中，演员去掉传统的四川方言和唱词，虽有两束追光和手机的搭配，也和普通的现代戏剧没有差异。因此，贯穿于其中的戏曲演唱才是这部戏的核心，导演和编剧准确地把握了这个核心，着重打磨该剧的唱词和角色的唱腔。“亲人遗体来埋葬，坟茔就在大路旁。走走停停回头望，发誓永不回家乡。”短短的四句唱词，把一位母亲深厚的爱以及对远在他乡的儿子无尽的想念表现得淋漓尽致。角色的程式化动作没有舍弃，凄凉婉转的唱腔依然萦绕梁上，纵有千种风情、万种表达，若遇现代戏，我只取这一瓢饮，唯演唱不可辜负。

成都剧评微信平台供稿

罗勤谈成都市川剧研究院现代川剧《天衣无缝》

川剧《天衣无缝》最早源自编剧张勇的小说《贵婉日记》，2017年1月由人民日报出版社出版，同年改编为25集电视连续剧《天衣无缝》，拟定2019年1月在浙江卫视首播。从一本30余万字的小说到25集的谍战悬疑电视剧，再到今天呈现在观众面前的川剧版《天衣无缝》，游走于小说、电视剧、戏曲三个不同创作领域的张勇老师，让人肃然起敬，佩服不已。小说《贵婉日记》讲述了20世纪30年代中共特工贵婉（代号“烟缸”）等与中统、军统博弈周旋、斗智斗勇，建立中国至西欧的红色交通线，护送中央重要人员和物资，破解谜团铲除内奸的故事。《天衣无缝》内容体量庞大，涉及地点横跨中欧，如何把众多的人物、跨时空的线索、纷繁的多线结构，浓缩在两个多小时的舞台表演上，非常考验编剧的功力。张勇老师花费了整整一年的时间，前后易稿五次，最终把故事锁定在了贵婉（王玉梅饰）和资历群（王超饰）两个主要人物身上，着力对其进行塑造，通过贵婉和资历群二人的相识、相知、相爱以及最后的分道扬镳，展现了时代洪流中的爱恨情仇、家国情怀。信仰与爱情的冲突，小家与大国的矛盾，横亘在二人之间。而资历群的身份之谜直到故事快接近尾声才揭开，第五幕戏时，剧情大反转，他竟然是国民党侦缉处二科的资科长。一个姓“国”，一个姓“共”，身处两个不同阵营的年轻人究竟会何去何从？灵魂的拷问、悬念的迭生、高潮的推进，紧紧抓住了观众的心。未曾料想，一部川剧，也能像前段时间口碑票房双赢的香港电影《无双》一样，待悬念解开，石破天惊，直叫人拍手称好，大呼过瘾。

成都青年剧评团供稿

李鑫谈重庆三峡川剧团现代川剧《白露为霜》

诗意之演员：如世有白露，则其似继琼。饰演陈白露的演员是谭继琼，她不但担任重庆三峡川剧团团长一职，而且获得过第二十五届中国戏剧“梅花奖”。剧本中的陈白露本就是歌舞厅魁首，她歌唱压群芳，体态胜千娇，一步一颦便勾得男人七荤八素；而该剧陈白露的扮演者谭继琼本就主攻花旦，她体态娇媚、嗓音婉转，唱做念打样样精湛。对于谭继琼的演绎有三处必须称赞：一是她嗓音悠扬婉转，似黄莺声声，似清泉汩汩，不仅甜润，而且具有超强的穿透力，直击观众心灵，使得观众为她落泪，为她心碎；二是她川剧基本功非常扎实，在妓院寻女那场戏中，“走边”“踢褶子”“耍扇子”等都被其演绎得曼妙绝伦，脚底生风、手中生花，足以见她基本功扎实；三是她舞台临场反应、化解失误、掌控全局的能力强。在第二场戏中，陈白露的帽子不小心掉到了舞台上，只见她不慌不忙，非常随意地捡起来放到了椅子上，毫无破绽。这些都能让观众领略到谭继琼的实力和演技。当然对于演员来说，个别演员的演技仍然需要提升，小东西的扮演者龙吃赤在整场表演中就显得太过程式化，与母亲的拥抱中皆能感受到她僵化的动作，缺乏眼神沟通以及感情沟通。

诗意之视觉：要说整场演出之明珠，当属舞台视觉，不论是舞美、灯光或是服装、造型设计等，都极具大家风范。舞美是由季乔先生设计，整场演出的舞美都非常贴近剧情且十分优雅动人，观众可以明显看到舞台后方若隐若现的芦花与剧情遥相呼应。同时陈白露包厢之中的陈设完美地将舞台分为了三块，各区域划分非常清晰明了。在寻女入妓院时，舞台正中雕梁画栋，后面十二把大红木椅子齐列一排，两端各悬挂大红灯笼两只，细致地为观众展示了20世纪二三十年代山城的状况。灯光是周正平先生设计的，每个环节都处理得非常完美，有两处让笔者印象深刻：一是第二场戏中，他利用蓝色系的灯光与绿色系的灯光区分现实与回忆，蓝色系使得现实呈现出忧郁悲伤之感，绿色系使得回忆恍然而不可追溯；二是在白露与达生的回忆之中，达生送给白露一首诗，当白露念出第一句"太阳出来了"，一束金色的阳光便打到白露的身上，恰似朝阳照身。服装及造型是由蓝玲女士设计的，由于她曾是小白花剧团的服装造型设计，所以在本次演员的服装以及造型中仍可以看到越剧的影子，比如年轻时的白露一袭白衣，扎着双马尾，非常恰当地体现了白露纯洁善良的个性。又比如达生一袭蓝色长衫，恰能表现他对道德礼仪的固守以及清高又有些许踟躇的性格。当然整场演出的视觉效果更是有赖于导演对全场的把控，毫不夸张地说，导演对色彩的把握十分到位，足以堪称"色彩大师"。

成都青年剧评团供稿

游才栋谈重庆市川剧院现代川剧《江姐》

终于有机会欣赏到了沈铁梅主演的最新版现代川剧《江姐》！

最深刻的感受就是好听！可能是自己职业和爱好的原因，对于一部新编川剧我最为关注的还是在音乐和唱腔上。之前听闻一些"资深"的老川戏迷对此版《江姐》的唱腔和音乐设计颇有微词，甚至出现了反对之声，认为改革的力度过大，丢掉了川剧的传统和根本。客观地说，我们的川剧相对于其他兄弟剧种来说在音乐上特别是伴奏方面没有丝毫的优势，一直有"川剧好看不好听"的说法。而《江姐》的创作团队在唱腔设计和伴奏配器方面下了功夫，动了脑筋，再加上唱腔皇后沈铁梅的倾情演绎，使得这出戏唱腔优美动听，伴奏大气恢宏，丝丝入扣！很多年轻的观众都表示，如此优美动听的川腔川韵相当有吸引力，能够接受，而且该剧唱腔并没有脱离川剧的传统。只要是对川剧传统唱腔有一定了解的人，都可以发现唱腔还是来自传统的"红鸾袄""棉搭絮"，以及具有浓郁地方特色的灯戏腔调。这些都是传统，都是精华。个人认为这是川剧唱腔改革与发展的一个方向。稍觉遗憾的是川剧非常重要的且极富表现力的打击乐去繁就简，略微改得过了一点，还有就是主角的光环似乎过于耀眼，孙、胡二位"梅花"缺乏出彩的唱段。

演员的表演、舞台的背景以及灯光都没的说，很好！但是整个故事比较老套和普通，冲突似乎还不够激烈，不过蒋对章那一小段倒是一个亮点。在一台很严肃甚至是沉重的戏中加一点佐料确实收到了很好的效果，就像《乔子口》中刘子堂的插科打诨，在悲剧中加入一些喜剧元素反而能更好地表现悲的情感。这也是川剧的一大特色吧！

成都剧评微信平台供稿

范梦媛谈邻水县文化馆历史川剧《南海李准》

从抒情性方面来说，戏曲以歌舞演故事，是一种综合性的艺术。在第一场“失岛”里，该剧以戏曲和斗笠舞相结合，展现了地域特点和淳朴的民风。第二场“念岛”中，通过唱词抒发李准的爱国之情，刻画人物形象。在“收岛”中，西泽被擒，一段武戏的场面既叙述了故事，又点出了主题。此剧唤起的爱国之情被直接展现了出来，随着饰演日本浪人的演员们的下跪，还有中华龙旗的升起，全场观众的情绪被点燃，叫好声不断。戏曲是重在抒情也长于抒情的艺术，至此，戏曲不刻意说理，却又在艺术化的手段中将人伦道德的现实意义传递了出来。此剧作为新编的原创剧，做到这一点，就已经具有了戏曲的生命力。此剧在唱词上也保留了传统川剧的特色，有优美的辞藻、工整的对仗，也有诙谐幽默的歇后语，川味浓浓。“有声必歌，无动不舞，不许真物器上台，不许写实”是戏曲综合性、虚拟性、程式化的表现。中国传统戏曲的舞台空间与西方戏剧形成了鲜明的对比，非常具有灵活性。此剧的舞台设置不再是传统戏曲中的“写意”，而是写实的处理，这种处理方法在如今众多新编川剧中也不在少数，如何将剧场里的现代化设备和传统艺术相结合，是一个值得大家不断探索的问题。不过可以肯定的是，创作者的意图都是为了戏曲的发展，使戏曲表现的艺术手段更加丰富，以适应观众的审美。

成都剧评微信平台供稿

雷琪谈宜宾市酒都艺术研究院聊斋故事川剧《梅女》

“文似看山不喜平。”文如此，戏亦如此。多样的叙述手段在本剧中运用十分明显，如议论的作用：在故事情节扣人心弦之际，插入街坊四邻对梅氏一家三口惨死之议论；在朱文被抓，县令定夺案情的关节处，插入“差哥”的议论；在“结缘”一折中，封云亭登门求亲，再由“呆女”之家奴转述其父对于呆女之呆的担忧。凡此种种，皆于“冷极热极”之处，突发议论；于紧锣密鼓之处，偏偏“宕开一笔”。剧情似乎因之而显得不那么平铺直叙、顺理成章，而是多了几分波澜起伏。再如，“结缘”一折中“呆女掷花”，似可与《西厢记》中戏曲家津津乐道的“莺莺掷杯”相媲美。呆女之呆，作家惜墨如金，只借旁人之口，勾勒轮廓，不费一笔文墨做正面描摹，却在这“一掷”之中便被刻画得淋漓尽致。“一掷”而抵千金，“一掷”而抵千言。至于“县令换装”这一关节，“公正爱民”的匾额与跳梁小丑的嘴脸，形成巨大的反讽。最初在受到皇帝赐匾时，身着锦袍、戴高帽、威武刚毅、执法如山的县令，被顾氏抹上粉墨，扮成小丑，因而“赐匾”“换装”，看似枝叶旁出，实则极为必要。“反戴官帽”，这似乎也意味着其形象的本质改变，如剧中唱道：“当官不为民做主，不如回家卖红薯。”便带有了更为深厚的政治讽刺意味与批判色彩，贴近了当代反腐倡廉的时代特点。宋代大儒张载发下宏愿：“为天地立心，为生民立命，为往圣继绝学，为万世开太平。”原来，这宏愿并非儒家之独有。顷刻间点破人生百态，转眼间写尽爱恨情仇，古往今来，在这声声鼓点中游走着的艺人们，以另一种更为普及更为简明的方式，阐述着人们对于太平天下的期望，演绎着《梅女》之类善恶报应的宿命循环，表达了人们对于《梅女》序言中提到的“人在做，天在看”的畏戒之心，对这朗朗乾坤、天地正气的敬畏之心。

成都剧评微信平台供稿

于小程谈遂宁市川剧团历史题材川剧《苍生在上》

剧目一开场便直接切入正题，展现了一片饥荒之地与饥饿的民众，这样的背景设置为“拯救民众”的主题埋下伏笔，也为张鹏翮拯救民众做了铺垫。没有过多的前奏铺设，直接切入正题，使得剧情趋于紧凑，不拖泥带水。张鹏翮的出场也做了很用心的处理——用一段行侠仗义的方式救云珠，不仅带出了张鹏翮，同时也展现出了他救民于水火之中的善心，地方官吏的“丑陋”也在这一个场景中得以展现。这样的设置，使得人物的性格立即得到初步的展现，正邪分明，不拐弯抹角。当下戏曲的观众仍以老年群体为主，《苍生在上》这一剧目在呈现上十分贴近大众，使得观众看起来不费力，做到了戏曲为大众所作的理念传达。其次，音乐部分采用川剧中昆、高、胡、弹、灯中的胡琴唱腔设计，再加上饰演张鹏翮这一角色的刘世虎先生的花脸唱腔，将张鹏翮这一人物所独有的洒脱、舍己为人、豪爽、人民为上的人性特质表达得十分出彩，把张鹏翮这一人物塑造得有血有肉，符合人物气质。

舞台如何呈现是剧目是否具备好口碑的重要一环，戏曲作为视听综合艺术发展至今，其视觉的呈现已经不再是单一的“一桌二椅”。《苍生在上》作为新编历史剧的大型剧目，其舞台布景自然也以“戏剧式”手法呈现。有些剧目的舞美会过分突出，以此来掩饰空泛的故事情节。《苍生在上》的舞美没有过多的“花枝招展”，舞台上都是以人物为重点表现对象，其舞美的呈现也是去繁就简；没有过多的大型舞台物件，加上LED屏幕的视觉呈现，为剧目展演提供了方便，使其能够有效且多地点地巡演。

成都剧评微信平台供稿

构思瑰丽奇幻　雕刻工艺精湛
——黔江张氏民居柱础的石雕艺术

彭一峰
（重庆市黔江区文物管理所，重庆市黔江区，409099）

【摘要】位于重庆市黔江区黄溪镇街上的市级文物保护单位张氏民居前厅的四个柱础，为雕刻的一对石狮和一对石象。其工艺精湛，造型完美，堪称我国石雕艺术的精品。本文分析了它们七个方面的特点以及在重庆同类作品中的地位和代表性。

【关键词】黔江；张氏民居；柱础；石雕艺术

张氏民居（以下简称“民居”）坐落在重庆市黔江区黄溪镇街东北角，距黔江城68公里，因原房主姓张而得名。民居始建于1911年，占地面积约4000平方米，建筑面积约3417平方米，是复式四合院建筑，坐东向西，一楼一底，单檐悬山式屋顶，穿斗式梁架，配以吊脚楼，由前厅、正厅、左右厢房、门楼、绣楼、碉楼、地下室、阶梯踏道、水井、内外围墙、花园、石拱桥等组成，共有房屋108间，大小天井5个，水井3口，鱼池1口，为当今渝东南保存最为完好的土家族民居建筑。2009年12月，重庆市人民政府公布张氏民居为市级文物保护单位。其建筑构件中最具特色的当属前厅廊道的四个柱础。四个柱础为一对雕刻的石狮（一雄一雌）与一对石雕白象（一雄一雌），工艺之精湛、造型之完美，堪称我国石雕艺术的精品。今天，它们已成为黄溪人民心中的“重器”和骄傲。2011年元旦之夜，两个石象柱础被盗。2011年2月，区公安局将柱础追回之后，黄溪人放鞭炮迎接，场面十分隆重。这四个柱础的雕工精妙绝伦，具有很高的艺术价值和浓郁的民俗色彩，重庆市文物专家组鉴定其为国家三级文物。

一、柱础石雕的内容

四个柱础大小相对一致，规格约为73厘米×76厘米×110厘米，由于雕刻存凹凸状态，各部分尺寸不完全一致。中间雄雌二石狮柱础，由上而下可分为四个部分。第一个部分以石狮造型为主体，高50厘米。右侧雌狮作怒吼状，舌在口外；狮背和狮身各饰5层包裹的荷叶和1层下翻卷的荷叶，荷叶上雕有两只幼狮。左侧雄狮睁着炯炯有神的双眼，作悠然自得之态，原口内衔有一石珠，后因遭他人破坏而脱落；头下雕有一驯狮人，驯狮人的头部无存，狮背和狮身各饰3层包裹的荷叶和1层下翻卷的荷叶，荷叶背面雕有零星水草。雌雄二狮脚下均再辅以荷叶与绸带。第二个部分为两层台阶，共高9厘米，各层高4.5厘米，均为素面。第三部分高30厘米，主要饰卍字纹、云纹、如意纹等。第四部分高21厘米，右雌狮柱础为素面，左雄狮柱础为卷草纹。外侧两石象自上而下亦可分为四个部分。第一个部分以石象造型为主体，高52厘米，在石象背上辅有若隐若现的龙纹、麒麟、牛头、牡丹花和牡丹叶等。在其下为2层翻卷的荷叶，上层荷叶背面雕有杂宝纹，其中左侧雄象的正面为驯象人和镂雕绸带，右侧雌象正面为小象和镂雕绸带。第二个部分为石象与基座衔接处，高8厘米，素面。第三个部分高31厘米，主体纹饰为龟甲纹，其中右侧雌象柱础辅有水牛性春、山羊上树、猴捅马蜂窝、野鹿衔香草、兽面纹和卷草纹等，左侧雄象辅有牡丹的折枝等。第四个部分高19厘米，可分为两层，第一层为卍字纹和卷草纹，第二层为素面。

二、艺术价值

步入民居大门，四个硕大的柱础跃入眼帘，给人以强烈的视觉冲击力，使人为之震撼。其雕刻的内容看似只是一般题材，然仔细观赏，却给人高于一般的感觉。这主要源于匠人构思独特，想象力丰富，布局得当，组合新颖，赋予了动植物以新的生命力，把普通的动植物变得不普通，能给人以无限的遐想和瑰丽新奇的印象。这些都是匠人独特思维所喷发出来的火花。当然，工匠创作的灵感源自哪里，我们今天已无法追溯，但我们可以探索这四大柱础在雕刻工艺和构思上的精妙之处。

据考，张氏民居柱础石雕由黔江本土匠人卓国福、卓国友、卓国兴、卓国欢兄弟四人花六年时间雕刻而成。这充分说明了这四个石雕柱础工程之巨大，用工之浩繁。此柱础石雕可以说是卓氏兄弟石工雕刻的代表作。笔者认为，这一巨制具有七个方面的特点。

1. 石材考究

张氏民居前厅廊道柱础所用石材呈灰白色，质地细腻，软硬适度。灰白色调，应用性极广，为匠人的大胆构思和各类题材的运用提供了先决条件，也为匠人的创作提供了广阔空间。由于石材质地极为细腻，毫无杂质，使艺术品富有灵性，能给人以天然美的享受。石材软硬适度，从软的方面来看，它能保证匠人的雕刻技艺运用自如，保证雕刻艺术的效果；从硬的方面来看，它可以使艺术品越千百年而无损，给人以极为精致的感觉。据当地一些资深石匠讲，这种石材应是经海水长期浸泡过，现已越百年，却无丝毫风化迹象，保存如初。据考，黔江境内并无此类优质石材，它应从远方运来。石材具有的色泽、质地等要素为进行高质量、高水平、高层次的雕刻艺术创作打下了坚实的基础。

2. 造型生动奇异

从石雕布局来看，石狮和石象的正面位于石座的斜对角线上，这样更符合狮和象两种动物形体的整体展示，是工匠独特构思的展现。

狮背上荷叶的设计有三大效果：一是避免了造型的单一性；二是增强修饰性，使工艺品顿增几分艺术感，符合人们求新求异求变的心态；三是上下呼应。创作者在石狮的上下装饰荷叶，以求平稳呼应之感，荷叶上再露出与柱的接触平面，荷叶呈翻卷状，显示其动态感。狮身上面和狮脚下面都是荷叶，荷叶下有镂空的飘带，给整个石雕增加了动态感，让人感觉石狮好似在做表演。右侧雌狮的怒吼状与左侧雄狮口含石珠的祥和神态相互呼应，形成鲜明的反差。这种反差和不协调的巧妙利用和处理将观赏者带入一种超凡脱俗的艺术境界之中，这正是制作者匠心独运之处，也是匠人对艺术审美的把握、提炼和升华。狮子下方为两层素面，恰似音乐演奏结束后的停留，在等待奏响下一首曲子。再下方饰以万字纹和卷草纹，把人带入了另一种节奏和审美的世界。石狮上方与下方、石狮及荷叶装饰搭配和谐，相得益彰。

两只石象中，右侧雌象双眼微闭，神态静谧祥和，鼻下有一小石象张着嘴，显出与大石象戏耍之态。小象脚下是镂空的绸带，呈凌空飘飞之状。左侧雄象鼻下为一驯象人。驯象人身缠绸带，一手顶着象鼻。两象的不同状态说明创作者既考虑了性别特点，又考虑了动态变化。同时，象身用两片巨大重叠的荷叶代替，这种别出心裁的构思让人为之惊叹，同时，它又与两只石狮的风格保持一致。两个石象柱础的其余纹饰基本一致，象背是一立柱，柱侧面饰龙纹、麒麟、水牛、牡丹花、牡丹叶和蕉叶，繁纹密布，与清代家具的装饰风格十分接近，体现了一种紧密、繁复的艺术风格。其下部与石狮柱础一样，为素面，素面以下饰布帕，犹如一张桌布铺在桌上。布上主纹为四瓣一蕊花朵，布边饰卷草纹，给人以清爽、淡雅之感。四角饰兽面纹，给人以庄重神秘之感。布与兽面的空白处饰水仙花、兰草纹等，加上水牛性春、山羊上树、猴捅马蜂窝等民间认为不吉祥的图案，反映出匠人创作心态的复杂性。总体来说，石象柱础的创作理念是多元的，将如此多的元素糅合在一起还能做到统一协调，实属不易。

3. 雕刻技艺高超，技法多样

张氏民居柱础雕工圆润，磨制精细，雕刻技法多样。匠人对每一种雕刻技法都掌握得非常娴熟，达到炉火纯青的地步，且见不到一处败笔，可见其用工之深。只有胸有成竹与技艺娴熟的匠人方能将心中的立体造型一步步化为实体。四个柱础的雕刻采用了圆雕、镂雕、阴雕、线雕、浮雕等多种技法。圆雕的象鼻与象的腹下部，使大象形神兼备；镂雕的绸带与荷叶局部线条流畅，绸带的飘逸感与荷叶的翻卷状自然传神；阴雕的荷叶叶脉、线雕的狮头上的毛发和兽面纹的毛发等细腻逼真，惟妙惟肖；浮雕的柱础基座的四周图案自然规整。可以说，工匠们老到深厚的雕刻技艺使四个柱础精妙绝伦，成为石雕艺术的上乘之作。

4. 与民俗文化相结合

四个柱础，吉祥题材与非吉祥题材并存，反映了工匠创作的复杂心理状态，是不可多见的民俗雕刻艺术珍品。

四个柱础的雕刻内容取材于民俗文化，是其雕刻内容的一大特色。在我国传统民族文化中，狮子一方面有子孙昌盛、世代为官的寓意，另一方面有趋吉避凶、镇宅守户的说法，为吉祥之物；象则有太平有象、吉祥如意、出将入相等寓意和说法；龙是神异动物，为民族精神的象征；麒麟是仁慈祥和的象征，民间称“祥瑞之兽”“吉祥神兽”，主太平、长寿；牛是勇气的代表，勤劳，能吃苦；牡丹象征富贵；兰花象征美好、高洁、纯朴、贤德、贤贞、俊雅；杂宝表示吉祥。这里，特别要指出的是，多处选取荷叶这一题材作为主纹饰之一，其意有三：一是取“出淤泥而不染”之意；二是工匠或房主信仰佛教，荷叶与莲花有相关性，莲花乃佛教圣洁之物，匠人认为莲花不便设计表现，而用荷叶替代；三是从审美角度出发，出于艺术的需要。除众多吉祥雕刻内容外，出人意料的是有三个不吉祥的图案，雕刻在右侧雌象基座下方不太引人注目处，图案较小。这三个图案分别是：水牛性春、山羊上树、猴捅马蜂窝。水牛性春是不雅行为，有人说寓原房主人生活不检点；山羊上树寓办不到的事情；猴捅马蜂窝是危险行为，寓猴会被马蜂蜇。据说，是因张姓房主人对待工匠苛刻，只管吃、住，不给工钱，引起工匠卓氏兄弟的不满，为毒咒张而雕上去的。总之，两种截然相反的民俗文化题材出现在同一雕塑作品中十分罕见，反映了匠人内心的冲突和挣扎，也说明了卓氏兄弟们不愿受剥削的反抗精神。

5. 整体动静相衬，对称协调，规整而富变化，展现了石雕艺术的造型美

这四个柱础体现了中国雕塑中重视对称美与协调美的特点。无论是雄雌二狮的变化与对应，还是雄雌二象的变化与对应，都能给人以平衡、规整的感觉，即总体对称而局部又富有变化。如两石狮的口部变化：雄狮口含珠子，神态安详；雌狮口伸舌头，作怒吼状。又如，雌狮的荷叶相对较小而层数多，雄狮的荷叶较大而层数较少。再如两石象鼻下的变化：雄象象鼻下是站立的驯象人，雌象象鼻下是戏耍的小象，驯象人与小象大小基本一致。石狮、石象和驯兽人的一静一动相互映衬。动态美与静态美相烘托，提高了艺术欣赏价值。对称美的运用还体现在两只石狮与两只石象基本呈斜对角线对称造型，四个基座的形制基本一致等多个方面。再从四个柱础安放的位置来看，两狮一左一右，两象一置于狮左一置于狮右，两两对应，对称而协调。

6. 艺术风格大气华丽、繁复重叠、生动形象，以写实为主，兼有写意

张氏民居的四个石雕柱础，朴实中透出华丽，规范中求险峻，灵活多变，大气豪迈，既有表现狮子张扬的一面，又有对大象内敛温和的写照。狮与象的神态惟妙惟肖，荷叶的形态自然逼真，具有大写实的风范。然而，匠人并不局限于写实，在组合设计上又增添了许多寓意深刻、意境独特的思想内容。如用荷叶替代象身等实与意的结合，体现了匠人的创新意识、创新水平和对艺术的理解。绝大多数辅助纹饰中的动植物以写实为主，少量为写意。写实的有龙、麒麟、牛、羊、兰花、水仙花等，写意的有牡丹花及部分卷草纹等。写实与写意同时使用，互为补充，在同一雕塑作品中并不多见。这说明匠人擅长多种艺术表现手法，取长补短，融会贯通。在形式上，繁衍重生，叠叠加加。如每一个柱础的荷叶占有较大的比重，表现出荷叶在造型中所占的重要位置。狮背和象背上烦琐叠加的图案也体现了这一艺术特点。

7. 与实用性相结合

与实用性相结合是在保证实用的基础上进行巧妙的艺术创作。

柱础位于房柱之下，要承受房盖与上端梁枋的重力，因此，柱础的实用性要求很高。必须首先在保证它的承重量需要的基础上再进行艺术创作，因此柱础的雕刻创作要比别的雕刻艺术多一重约束，这就为创作艺术品增加了难度。张氏民居这四个柱础既充分展现了艺术美，同时又具有实用性。石狮和石象背上的短柱都是为实用性而设，在其上进行动植物雕刻就是为满足艺术表达的需要。石狮和石象的腹下部有很大的空当，挖掘很深，这是为了艺术的需要，但挖掘到什么程度才能满足承重的需求，这就要求匠人既要掌握柱础相应承受力的基础知识，又要具有丰富的柱础雕刻经验和高超的水平。同时，为保证其相应的承受度，匠人还巧妙地利用狮和象的两腿来增加其承受力。可以说，这四个柱础是实用性与艺术性结合的典范。

三、张氏民居柱础的石雕艺术在重庆同类作品中有着突出的地位和代表性

1988年，将张氏民居四个柱础石狮、石象照片送阿尔及利亚展出，受到好评。1993年，北京的有关专家在考察张氏民居柱础的石雕工艺之后，对其赞不绝口，认为张氏民居柱础具有较高的收藏价值、鉴赏价值和开发价值，部分石雕可与北京故宫石雕艺术作品相媲美。由于黔江张氏民居柱础作为文物，年代较近，因此，市文物专家组在定级时确定的级别不是很高，但它们的艺术价值却得到了充分的肯定和赞赏。市文物专家指出，这四个工艺精湛的柱础在重庆是首屈一指、出类拔萃的，艺术价值高，含量金也高。

总之，张氏民居柱础石雕，艺术构思新颖、造型组合别致、工艺技术精湛、布局设计合理、审美意识独到，蕴含着丰富的民俗文化和地域文化特点，折射出民族心理、社会道德、建筑理念和艺术追求的时代风貌特征，在重庆工艺美术中占有一席之地，是重庆柱础石雕高水平的代表作之一。对其进行研究和探讨，对当今雕塑艺术的发展有十分重要的借鉴作用和启示意义。

雄狮柱础

雌狮柱础

雄象柱础

雌象柱础

吹打乐与戏剧音乐的内在联系
——以接龙吹打乐中的青山调等种类为例

邹俊星
(重庆市文化研究院,重庆市渝中区,400013)

【摘要】接龙吹打乐是重庆市巴南区接龙镇的民间器乐乐种,它在巴渝吹打乐中占有重要地位。接龙吹打乐是接龙民众在长期生产、生活实践中创造,并吸收多种外来的乐种、乐曲元素而成的独特音乐文化。本文结合民族民间吹打乐与戏曲音乐的历史沿革,分析接龙吹打乐中的青山调等种类与京剧等戏剧的音乐的内在联系。

【关键词】民间器乐;接龙吹打乐;理论研究;戏曲音乐

早在20世80年代末,重庆市文化局民间器乐曲集成办公室一行,在各区县的采访调研中,率先发现民间吹打乐中的昆词和民间宗教音乐与戏曲音乐的内在联系。他们在重庆所辖巴县、綦江的边远山区普查时,挖掘出一个濒临灭绝的稀有乐种,叫作昆词——源于江苏昆山的戏曲昆腔艺术。昆词是由"吹(唢呐)、打(锣鼓)、唱(演唱)"所组成,其"唱"是昆词的核心,含有诸如【梁州序】【玉芙蓉】【懒画眉】【锦堂月】【玉包肚】【五马江儿水】等昆曲常用曲牌。同时,他们还发现道场音乐中的高腔吸收了川剧高腔中的部分旋律,探研出川剧音乐对诸多民俗祭祀活动所表演的仪式戏剧音乐有直接影响。

21世纪初期，重庆市非物质文化遗产保护中心通过调研工作，进一步挖掘了接龙吹打乐，发现重庆巴南区接龙吹打乐的种类众多，曲目丰富。据民族民间文化保护工程普查统计，接龙吹打乐包括三大类别七大品种。三大类别是吹打乐、锣鼓乐、吹打唱；七大品种是丫溪调、下河调、昆词、青山调、教仪调、将军锣鼓、伴舞锣鼓。这七个品种中：丫溪调和下河调，既有吹打乐，又有锣鼓乐；青山调和教仪调，全为吹打乐；将军锣鼓和伴舞锣鼓，全为锣鼓乐；昆词则全为吹打唱。接龙吹打乐，是接龙民众在长期生产、生活实践中创造，并吸收外来的乐种、乐曲，加以融合、汰选、提炼而成的独特的音乐文化。在较长时间的探研工作中，研究者们发现接龙吹打乐中含有大量戏曲音乐的调式旋律。例如，青山调中即含有大量的京剧音乐。为了进一步弄清楚青山调与京剧音乐的内在联系，先谈谈民族民间吹打乐与戏曲音乐的历史沿革。

从严格意义上讲，我国民族民间吹打乐是整个民族民间音乐的一个组成部分。民族民间吹打乐的历史，既是民族民间音乐的发展史，也是戏曲音乐演变和发展的历史。

我国在原始社会就出现了击乐器，有关于鼓、磬和钟的传说。击乐器是人类最早使用的一种乐器，并遵循着一定的途径发展，即由不定型到定型，由种类很少到种类增多，由不定音到固定音，由个别的单音到有一定高低关系的多音和音阶序列。在原始社会中，诗歌、音乐与舞蹈三者是合为一体的。一般说来，音乐比较简单，它的基本因素是节奏，但到了原始社会的末期，已有较大的发展，《九韶》等规模较大的乐舞于此时出现。

最早的鼓吹乐见于商朝。从现已出土的乐器实物和甲骨文中所提到的乐器名称来看，有鼓、鼗（táo）、铃、磬、编磬、钟、编钟、缶（fǒu）等击乐器；有埙、龠（yuè）、言、龢（hé）等吹奏乐器。那时，乐器逐渐增多，有定音的击乐器和好几种管乐器。在绝对音高方面，已逐渐形成明确的概念，纯四度，大、小三度，大二度，小二度等音程关系已为人们所掌握。

鼓吹乐真正得到全面的发展，是在汉朝。公元前112年，政府设立了一个在中国历史上有名的音乐机构，叫作“乐府”，对战国以来各地区发展中的民族民间音乐作了比较全面的集中，而且起到很大的推动作用。由此，又促进了鼓吹乐的发展。鼓吹乐作为以打击乐器和吹奏乐器的演奏为主的一种音乐形式，显得特别重要。其吹奏乐器有排箫、横笛、笳、角等。鼓吹乐发展了一段时间后，渐渐依所用乐器和引用场合的不同，区分为鼓吹与横吹两类。在较早时期，是角和笳在一起应用的，总称为鼓吹。后来分为两类：一类以排箫和笳为主要乐器，在仪仗的道路上行进时所用，仍称为鼓吹；另一类以鼓和角为主要乐器，作为军乐，在马上奏的，称为横吹。这两类乐曲互不雷同。鼓吹曲主要用途是在军队中作军乐，它一般都有歌词，是可以歌唱的，但某些鼓吹曲的歌词内容可以证实它们出自民歌。后来，在很多的场合中，已不一定需要歌唱，有向民间器乐发展的倾向。

鼓吹乐发展至隋唐时期时，已逐渐与散乐相结合。这种结合，有利于散乐的发展，而散乐的发展，则是后来戏曲发展的先驱条件。同时，这也促使了民间说唱艺术的流行。《汉书》卷68《霍光传》中说："击鼓歌吹，作排倡。"四川彭山和成都出土的说唱俑可作为此语的生动的例证。另外，戏曲虽然不占重要地位，但它已经以其新兴萌芽的形式开始出现于音乐艺术之中。

唢呐类芦簧乐器的发展，是从明代开始的。到明代才有关于唢呐的记载。最早有王磐的《朝天子·咏喇叭》。稍后，明戚继光把唢呐用于军乐，在其《纪效新书》中的"凡掌号笛"即是吹唢呐。王圻及王思义的《三才图会》是明代后期的作品，文中称："唢喇，其制如喇叭，七孔；首尾以铜为之，管则用木。不知起于何代，当是军中之乐也。今民间多用之。"除了用于军乐之外，唢呐在民间的用处越来越大。南北曲的戏曲演唱要用唢呐伴奏"阔口"（如净角）的唱腔，又要用它来吹奏过场牌子。民间器乐，以戏曲为基础，因此少不了要用到唢呐。于是，在明清期间，唢呐有了较大的发展。后来的唢呐，外形虽大体相似，但随着表达要求之不同，各地有各种大唢呐和小唢呐，无论戏曲伴奏还是器乐合奏都少不了它们。

关于中国戏曲，起源也是很早的，在上古原始社会的歌舞中已经萌芽了。但它的发育过程却很长，经过汉、唐，直至宋、元才形成完整的戏曲艺术形态。有关资料表明，戏曲大致可以分为六个时期：孕育于先秦时期，产生于两汉时期，成长于魏晋时期，成熟于唐宋时期，繁荣于元明时期，清代是古典戏曲的衰落和地方戏曲的勃兴时期。

我国最早的戏曲音乐之一北曲，是流行于宋、元时期的北方杂剧与散曲所用的音乐，在当时已达到了很高的水平，是我国戏曲艺术发展日趋完善的一个重要标志。但进入明后，其在艺术上脱离了民间，北曲明显朝着宫廷化发展，逐渐呈现出衰微之势。而杂剧又是由一个角色从头唱到底，也显示出许多弊端，与民间文化艺术的血肉关系越来越淡。

从昆曲的几起几落也可以看出戏曲与民间文化艺术的血肉关系。在元末明初集南北曲之大成的昆曲，到了明代嘉靖年间，由于人们的大胆革新，在套曲、集曲、旋律伴奏及犯调方面有了很大发展，在1523年至1795年的270多年间，昆曲数易其姿，一直雄踞我国剧坛。然而，在明末清初的社会大动乱时代，昆曲因其剧本多为宣传名教，语言僵涩典雅，腔调发展缓慢，逐渐处于劣势。即使封建士大夫把昆曲奉为“雅部”，甚至下令禁演其他地方戏，昆曲也竞争不过“花部”，中道衰落。而根本原因，是昆曲脱离了广大劳苦群众，脱离了广阔的民间文化艺术。

从乾隆五十五年（1790年）弘历“八旬万寿”的四大徽班进京起，到后来慈禧太后大力倡导，京剧在得天独厚的环境中异军突起，取代昆曲而成为国剧。京剧广泛地从民间文化艺术中汲取营养，就京剧的“文武场”而言，既有民间音乐的因子，也有民间歌曲的因子。

如上所述，我国最早的音乐形式是击乐，后来逐步形成和发展了鼓吹乐，直至唢呐被引入明代吹打乐后，我国民族民间吹打乐才得以全面发展，产生“陕西鼓乐”“北京寺院音乐”“山西八大套”“冀中管乐”“十番锣鼓”等具有地域特色的民间吹打乐。同时，在民族民间音乐的直接影响下，戏曲音乐得以发展，尤其是成为“国剧”的京剧，它和民间吹打乐均有同一共性，就是善于消化吸收民族民间音乐中的精华且别树一帜。从实质上来讲，戏曲音乐与民间吹打乐是民间音乐的两个分支，同具鲜明的娱乐性和通俗性。至今，戏曲音乐，尤其是京剧音乐和民间吹打乐，之所以能够仍然活跃在人民群众中间，就是因为其具有鲜明的娱乐性和通俗性。从上述京剧音乐和民间吹打乐均善于消化吸收民族民间音乐这一共性来看，结合接龙吹打乐中青山调的实例，作如下分析。

结合民族民间吹打乐与戏曲音乐的历史沿革，分析青山调与京剧音乐的内在联系，发现青山调中含有大量京剧音乐调式旋律。青山调是太平天国将领石达开带兵西进，路过重庆万盛青山征战失利，败兵留驻而流传下来的，后经当地民众融入本地吹打乐曲因素，以地命名的民间吹打乐种。

石达开于清咸丰七年（公元1857年）离开南京，经福建、江西、广西、湖北、湖南等地，于同治元年（公元1862年）入渝，3月抵达万盛，距今150多年。而吸收湖北汉调【二黄】等逐渐形成京剧的时间，也是约于150年前。青山调中有相当数量的调式旋律与京剧音乐的调式旋律相似。就调式而论，青山调的降A宫调式和降E徵调式最多，而这两种调式便是京剧音乐常用的【二黄】和【反二黄】。就曲牌而论，青山调中的【黄瓜篮篮】【脱节烂】【九连环】【金钩帘】等，含蕴京剧音乐【南锣】的调式旋律。【西湖堂】有些旋律与京剧武旦踢枪时用的配曲相同；【朝牌】与京剧曲牌【柳摇金】、【老朝牌】与京剧曲牌【哭皇天】、【将军令】与京剧曲牌【将军令】又有相通之处。就板式而论，贵州人民出版社出版的《接龙吹打乐》中，青山调曲目曲谱【无名】（八）、（九）、（十）等均含蕴京剧音乐【二黄原板】和【二黄慢板】的调式旋律。这表明石达开在转战湖北时，或吸收了湖北汉调【二黄】等进入军乐，或直接招募了谙熟汉调【二黄】的艺人入伍，从而使其败兵留下的青山调蕴含了如此丰富的汉调【二黄】因子，并成为青山调的一个突出特征。由此说明，湖北汉调【二黄】等因子被京剧吸收而形成一大剧种，而被青山调吸收，则形成一个民间吹打乐种。这一发现，无疑将提升青山调的学术研究价值。

在接龙吹打乐的其他品种下河调、丫溪调、将军锣鼓、教仪调、昆词中，也同样蕴含着丰富的民间音乐和民间戏曲的调式旋律。如下河调的【猴吊颈】【稀粑烂】【问答】等均含民间小调和川剧音乐；贵州人民出版社出版的《接龙吹打乐》中青山调曲目曲谱【无名】（三）（四）（六），【四六句】【大开门】等又含京剧音乐。下河调比起丫溪调来，不仅保持着传统深沉朴实的风格，而且善于吸收各种音乐素材来丰富自己，使乐曲更具表现力。又如，昆词是巴渝吹打乐中濒临灭绝的、极稀有的品种，仅在巴南区的接龙镇、圣灯山镇，綦江区的横山镇有所存留。从整个演唱程式来看，其是一种借用苏昆的曲牌同川剧唢呐公堂类曲牌相结合而成的一种既非昆曲，也不同于川剧的，自成风格的吹打座唱形式的民间乐种。演唱和吹打乐既蕴含昆曲韵味，又有山歌粗犷开朗的情调。

上述接龙吹打乐的新发现，说明接龙乐传人具有无穷的智慧——他们是娴熟地吸收运用民间音调的能手，他们往往在运用民间音调时，能随机应变，使民间音调在他们的演奏中结合得十分自然，浑然一体。由此，进一步证实了戏曲音乐和民间吹打乐都是在吸收民族民间音乐的基础上发展起来的。

接龙吹打乐是巴渝特色文化的一个组成部分。2006年5月，经国务院批准，接龙吹打乐被列入国家级非物质文化遗产名录。

正如一切传统音乐都有它的历史继承性和变革性一样，接龙吹打乐是巴渝民间文化艺术发展的产物。严格说来，这个乐种是这一地域的鼓师、吹奏乐师和群众共同创造且自具特色的传统音乐。

从接龙吹打乐中不仅可以明显地看出民间戏曲、歌曲、小调、花鼓调、秧歌调等的痕迹，而且其还比较完整地保存着传统吹打乐的演奏形式、结构、乐器、曲牌及谱式。传统音乐是一种历史文明的沉积，其受到各个时代不同社会观念和时代风尚的影响和制约，因此，传统音乐呈现出复杂的层次。接龙吹打乐总是随着时代的前进而不断变化的。接龙吹打乐的发展，就是在新的历史条件下和更高层次上不断充实和更新的一个过程。接龙吹打乐，既有对乐种传统的继承发展，也有对其他艺术经验的借鉴吸取。从某种意义上来讲，包括接龙吹打乐在内的所有民间音乐都是在交流中传播的，在传播中发展和创新的。接龙吹打乐的结构是一个比较宽泛的概念，其不仅包括曲式、曲体、结构、形式等，而且与音乐的思维、内容以及巴渝传统文化的内涵、精髓及民间的审美意识均有着非常紧密的联系。接龙吹打乐有着久远的历史，在漫长的发展过程中，逐步形成了自己特有的架构和特色。

接龙吹打乐理论研究的目的是让吹打技艺代代传承，并长期存活在民众社会生活之中。只有理论与实践完美结合，才能保证接龙吹打乐能沿着正常的动态发展轨迹不断前进。因此，应加强对民间文艺的探索和研究。

进入他者的方式
——解读库切《等待野蛮人》中的比较文学寓言

李国栋
（中国人民大学文学院，北京市海淀区，100872）

【摘要】《等待野蛮人》中的老行政长官与野蛮女可以看作比较文学的自我与他者，二者的碰触代表了新比较文学方案的种种可能性。在小说中，暴力、性与责任均遭到了不同程度的质疑与批判，但语言学习则具有真正进入他者的可能性。这便可以回应比较文学的后殖民批判与“危机论”话语，重塑这门学科的研究理论与方法。

【关键词】库切；《等待野蛮人》；比较文学；他者；斯皮瓦克

盖娅特里·斯皮瓦克在《一门学科之死》的第一章“跨越边界”中精彩地分析了库切的小说《等待野蛮人》，并从中得到了比较文学研究的方法论启示。她将《等待野蛮人》当作“新比较文学”的教诲式文本来处理，提出了他者之于主体的意义问题：老行政长官对野蛮女的种种破译均宣告失败，因此对于老行政长官来说，他者的意义几乎是不可捕获的。但是，他者的意义是主体为其所是的地基，因此老行政长官必然需要某种意义。这一悖论如何解决？斯皮瓦克认为，我们所不确定的他者之意义，呈现于他者对我们的凝视之中，“我们自己的不可确定的意义就在他者眼中那不可化约的概像(figure)之中。这就是我们需要努力的任务：置换我们那些千人一面的学生们的恐惧，在他们身后，无数全球化他者的眼睛正注视着他们”①（笔者译）。重塑他者眼中的自我同样可以参与到他性的建构过程之中，他者之于我的意义与我之于他者的意义在这一等价建构中达成平衡。在《等待野蛮人》中，这种主体与他者的平衡状态是通过“责任”来创建的。《一门学科之死》呼唤一种勇于肩负责任的比较文学，正是沿着《等待野蛮人》的思路所得到的教益。斯皮瓦克对《等待野蛮人》的“播撒”是有待回应的，她在文本中丢出的密集的线头（正如其一贯作风）使这部小说的解读空间大大拓展了。基于斯皮瓦克的解读，我们完全可以把《等待野蛮人》当作一个比较文学的大寓言来处理。其中，老行政长官与野蛮女可以看作比较文学的自我与他者，二者的碰触代表了对新比较文学方案的种种可能性的探索。

---

① Gayatri Chakravorty Spivak. Death of a Discipline[M]. New York：Columbia University Press，2003：23.

一、插入的意义困境

老行政长官是一个迷恋性事的人，他曾与数不尽的女人发生过性关系。不仅是老行政长官，边境地区的枯燥生活让这里的男人和女人似乎都患了性饥渴症，极度贪恋单纯的情欲。夜晚会有不安分的妇女主动迎合男人，插入行为似乎出乎意料的简单。当老行政长官步入老年，他对女人的兴趣变少了；然而这并不是因为他的性欲已经消退，而是他产生了一种精神分裂式的人格抽离。他竟能奇怪地以旁观者的位置来看待自己的欲望："有时候，我的性事对我来说全然像是另一个不相干的人的行为，就像一头愚蠢的动物寄居在我的身上，全凭自动的欲念在膨胀或缩小，它驻扎于我的肉身，我却无法自主。"①性快感与性意义的分离使得老行政长官一直处于不安的状态；而随着这种分离的加剧，老行政长官开始对性畏畏缩缩。在野蛮女身上，性意义完全被他者的异质性压倒，老行政长官已绝无可能对她的身体进行简单的性处理。在他面前，野蛮女是一个难以走进的陌生人，一个全然异质性的意义体，因此他必须尝试用性以外的方式来进入她的身体。

老行政长官痴迷于对野蛮女的身体的清洗，并且在清洗过程中，他必然会陷于蒙眬的睡意。清洗仪式与睡眠仪式既是进出于他者的方案，也是力比多与死本能的释放。然而，两种仪式均缺乏对话性，野蛮女无法对老行政长官的这两种行为做出回应，她只会觉得奇怪。男女之间的生理结构天然地规定了性交合的方式，这是最古老也是最愉悦的他者对话方式。老行政长官并没有放弃这种古老方式，他对野蛮女的生理回应仍抱有一丝希望；即使他在美学的层面上觉得老年男人的身体令人恶心，进而失去了产生性快感的基本条件。在一些身体距离几乎消失的时候，老行政长官小心翼翼地进行了试探，但均遭到了拒绝："……第二天晚上，当我在涂油和擦拭的节律中又陷入昏昏欲睡的状态时，我觉出自己的手指停住了，停在某个部位，伸向她的两腿之间。那一刻，我的手指直伸向她的性器官，然后我往指头上多抹些热烘烘的油开始摩挲她。她的身体很快绷紧了。她弓起身子，惊觉起来，把我的手推开去。我继续擦着她的身体，直擦到我自己完全松弛下来沉入睡眠。"②"她全身赤裸地躺着，闪着油光的皮肤在火焰映射下泛出金色的亮光。此时此刻——我感觉着一个过程的起始，就在这会儿——我对她有了欲望，这通常都是隐晦的、含含糊糊地进入隐约可辨的物体。我的手轻轻移动着，抚摸着她，握起一只乳房……她扭开身子挣脱我的怀抱，拳起手握成拳头抵在她和我的胸脯之间……简单明了的时刻结束了，我们分开来，并排躺着。"③老行政长官的目的在于进入他者，而不是插入他者；她的拒绝意味着性意义的再度抽离和失败。

老行政长官只能外在地接触她的身体，而清洗是对她有微薄益处的确定性方式。老行政长官一直在这个空白的异质性身体上寻找确定性的欲望。在整部小说中，老行政长官似乎只能确定她的两种欲望：一种是野蛮女对身体复原的欲望，另一种则是回家的欲望。前者表现在野蛮女对他的行为（清洗、按摩和抹油）从来没有抗拒过，后者则表现在野蛮女对其姐妹的怀念之情："'有什

① [南非] J. M. 库切. 等待野蛮人[M]. 文敏，译. 杭州：浙江文艺出版社，2010：60–61.
② [南非] J. M. 库切. 等待野蛮人[M]. 文敏，译. 杭州：浙江文艺出版社，2010：58.
③ [南非] J. M. 库切. 等待野蛮人[M]. 文敏，译. 杭州：浙江文艺出版社，2010：53–54.

么惦记的事儿吗?'//'我想我姐姐。'//'如果你真的要回去,'我说,'我会安排人带你去。'"①"我向这女孩打听过她的姐妹。她说有两个姐妹,据她说,小妹妹'非常漂亮,但没头脑'。'你不想再看到你的姐妹吗?'我问。一种冒失念头奇特地浮现在两人中间。我们都笑了。'当然想。'她说。"②也许正是因为这种情感的绝对确定性,老行政长官决定送她回去。

在送回野蛮女的过程中,老行政长官终于进入了她的身体。野蛮女身体上的回应经过了老行政长官的一次犹豫的确认,那就是在他们同床共眠的最后一个夜晚,她对他的引诱没有得到他的回应。他认为她此时的顺从不是出于她的初衷,而是对其创伤的习惯。"当我不再把她看做一个残疾的、落下疤痕的、受到伤害的身体时,也许她的身体就具有了另一种新的缺陷,就像一只猫身上本来有爪子一样,而我再也不把爪子看做手指而只视为爪子。与其说这样符合常理,不如说我喜欢这样认为。可能她也有自己的种种思考方式来发现我同样正常。"③目的是让她复原,而不是让她改变。他的疑窦最后一次阻止了单向性的插入行为。但随着老行政长官长途跋涉地走向他者之地,他的疑窦终于被野蛮女的逢迎打消了。在那个冰天雪地的夜晚,老行政长官得到了野蛮女真诚的回应,接下来便是性爱仪式:"后来,我清醒过来,感觉到她的手在我衣服底下摸索,她的舌头舔着我的耳朵。一阵感官愉悦掠过全身,我打了个呵欠,伸伸懒腰,在黑暗中微笑起来。她的手在找什么呢。'是什么呢?'我想,'如果我们消失在这个无名之地会怎么样呢? 至少让我们不要死得痛苦和悲伤!'在她的长罩衣里,身子完全裸着。我一用力压到了她的身上。她是温暖的、兴奋的、迎合着我的欲望,在那一刻,五个月来找不到感觉的踌躇云消雾散了,我飘荡在轻松惬意的肉欲沉醉中。"④在这里,死亡是以催化剂的功能来促成这场性爱仪式的。然而在老行政长官醒来之后,这片刻的欢愉却以空白和恐慌草草结尾:"我醒来时脑子像是洗过一样一片空白,感觉心里有点害怕起来……我总觉得,如果没有傍晚时和那些年轻人一起坐在篝火边交谈,她很有可能不会对我有那种需求——我对这个想法没有感到不自在。也许事实就是如此:当她在我怀里的时候,她正梦想着拥抱他们当中的一个。"⑤老行政长官清醒地否定了自身能够产生性欢愉的条件,毕竟他拥有的只是一具年迈、松弛和丑陋的肉体。第二次做爱的时候,老行政长官的不自信和怀疑再度袭来,中途像是变成了一具尸体:"我以生命中最欢愉和骄傲的情感拥抱她;但在途中,我似乎与她失去了连接,动作变得乏力和空虚。"⑥(笔者译)性爱的发生是老行政长官努力得到认同的结果,他终于与野蛮女更进一步地建构了友爱的关系;但是,这种关系是在野蛮女受到了虐待之后发生的,因此是一种补救式的存在。老行政长官的目的是想复原她身上的伤痕,但做爱却并不是一种理想的方式。他虽然进入了她的肉体,但却是在送走她的途中,性爱于是成了短暂的反讽。

① [南非] J. M. 库切. 等待野蛮人[M]. 文敏,译. 杭州:浙江文艺出版社,2010:43.
② [南非] J. M. 库切. 等待野蛮人[M]. 文敏,译. 杭州:浙江文艺出版社,2010:71.
③ [南非] J. M. 库切. 等待野蛮人[M]. 文敏,译. 杭州:浙江文艺出版社,2010:75.
④ [南非] J. M. 库切. 等待野蛮人[M]. 文敏,译. 杭州:浙江文艺出版社,2010:84-85.
⑤ [南非] J. M. 库切. 等待野蛮人[M]. 文敏,译. 杭州:浙江文艺出版社,2010:85.
⑥ J. M. Coetzee. Waiting for the Barbarians[M]. New York: Penguin Books, 1999: 91.

告别的场景出乎意料的孤寂与荒凉:

> 她要走了,其实她已经走了。这是我最后一次与她清晰地面对面相望。我检视着自己的内心活动,试图理解她究竟是谁:我知道,此后我只能根据满是疑虑的欲望在记忆的场面中重构她了。我触摸着她的脸,握住了她的手。在这荒凉的山坡上,在这中午时分,我自己找不到一丝那曾经使我夜复一夜地引向她身体的木然的情色,甚至连路途中的同志式情谊都找不到。只有空白和面对空白的孤寂。我抓紧了她的手,可她毫无回应。我只能愈发清晰地看到:一个矮壮的女孩,长着厚嘴唇,刘海覆在额头上,从我的肩膀一直望向身后的天空;一个陌生人,一个来自陌生之地的来客,在经历了不太愉快的来访后走上了回家之路。"再见。"我说。"再见。"她说。她的声音毫无生气,和我的一样。我开始往山坡下面走,等我走到山脚时,他们已经接过她的拐杖,正在帮她骑上一匹小马。[①](笔者译)

这个场景最终表明:即使他们夜夜同床共眠,即使他曾合法地插入她的肉体中,他仍然不曾"进入"到野蛮女之中。这是送还他者的最后时刻,这也是两个世界告别的时刻。老行政长官处心积虑地想要捕获野蛮女的意义,但他者的意义在这样的非暴力行为中依然无法呈现,"只有空白和面对空白的孤寂"。我们所谓的意义原来竟是暴力的产物!老行政长官的意义之旅始终伴随着身体的发问与追寻,他从性的迟疑、性的捕获与性的消逝中最终得到了"空白和面对空白的孤寂"。野蛮女了无生气的告别象征着性爱的失败。在老行政长官眼中,这似乎缘于他那衰老的身躯,那反美学的畸形交合。因此,插入并不意味着"进入",更不意味着复原,真正的"进入"必须在暴力之外。

二、责任的负重与风险

老行政长官之所以如此友好地对待野蛮女,是因为他接受了某种责任;但至于这种责任为何出现,又为何偏偏降落到他的头上,他并没有答案。在与她相处的那个夜里,老行政长官曾思索过这一问题,但却一无所获:"出于偶然,某种事情不知怎么的从天而降落到了我的身上:在我床上的这个身体,我对它负有责任,或是似乎应该负责,否则我为什么要留它在这里?在这一段时间里,也许是永远,我自己都给弄迷糊了。似乎所有的选择都顺理成章——不管是躺在她身边睡着或是把她裹进床单埋到雪地里去。"[②]从老行政长官对野蛮女的接待与送还的整个过程来看,责任一直作为老行政长官的主导驱动力。也正是因为这种难以解释的责任,他后来付出了相当惨烈的代价。在小说中,当老行政长官遇见她的时候,责任就无可选择也无可抗拒地降临了:

> 她跪在离军营大门几步远的围墙阴影里,披裹着一件比自己身量要大不少的外套,一顶皮帽底朝天地搁在她跟前的地上。她有两道笔直漆黑的眉毛,野蛮人特有的光滑的黑发。一个

① J. M. Coetzee. Waiting for the Barbarians[M]. New York:Penguin Books,1999:100.
② [南非] J. M. 库切. 等待野蛮人[M]. 文敏,译. 杭州:浙江文艺出版社,2010:57-58.

蛮族女人在镇上能乞讨到什么呢？那帽子里只有寥寥几个小钱。//我一天里两次经过她的身边。每次她都像看陌生人似的看我，直瞪瞪地看着前方直到我走近她，才慢慢地把头从我这个方向转开去。第二次经过时，我在她的帽子里扔了一个硬币。“天晚了，呆在外面太冷。”我说。她点点头……第二天她不在那儿……几天后，我看见她正穿过广场，拄着双拐，走得很慢，羊皮外套拖曳在身后的尘土中。我叫人把她带进我的房间里。①

老行政长官无意识地走向了这个陌生人，似乎被她的面容和处境所召唤；换言之，他的责任是以一种近于无意识的状态显现的。这里的责任问题与伊曼努尔·列维纳斯的他异性哲学不谋而合，我们完全可以将野蛮女视为列维纳斯的“面孔”，将老行政长官的责任视为“面孔”对他的召唤。在一次访谈中，列维纳斯简练地阐明了“面孔”与“责任”等关键词的要义：

我是他人的负责者，我回应他人。首要的主题，我的最基本的界定，就是他人——他首先构成了一个整体的部分——是作为另外的客体，作为世界的整体，作为世界的景观提供给我的，他人以某种特定的方式穿透了这个整体，这恰恰是通过他作为脸的显现而实现的。脸绝不是单纯的，是一种可塑制的形式，而首先是对我的一种介入，对我的一种召唤，对我的一种命令，他使我处于一种为他服务的地位。不仅仅是这张脸，还有在这张脸中显现的另一个人，他是在没有手段，没有任何可保护他的裸露中，在他的贫乏中向我显现的，同时，他也是作为人们向我发布命令的位置而向我显现的。这种命令的方式，就是我所说的在脸中的上帝的话语。②

野蛮女确实是在贫乏中向老行政长官显现的，她只是一个可怜兮兮的乞丐；然而，她的实际身份却成了老行政长官的主人，使他不能自已地走向了她。自我与他者的关系确实在这里翻转了。在列维纳斯的逻辑中，他者处于绝对优先的地位，自我被他者召唤、选择与命令；因此，他者充当了“上帝的话语”，并以“面孔”的模样展现圣迹。野蛮女的“面孔”即她那不可解读的身体。老行政长官不厌其烦地清洗、观察、试探和思考她的身体，似乎是在以奴仆的眼光来打量主人的用意。主人发出了什么命令？——“你不可杀人”“你要让我活”：“脸意味着‘你不可杀人’，你不应该杀害我。这就是他的人性，他的无所依靠，他的贫乏无助，但同时，这也恰恰是‘你不可杀人’的命令……‘你不可杀人’是首要的事，这是首要的命令。在这种命令中，他人作为强加于我者而被我接受。”③野蛮女正是向老行政长官下达了这一“命令”，才使他“被动地”召回了人性深处的责任：“第二次经过时，我在她的帽子里扔了一个硬币。”④列维纳斯把责任看作他者强加于我之上的命令，几乎完全抹去了自我的主动性；更甚于此的是，他将自我看作他者的人质，自我需要为他者

①［南非］J. M. 库切. 等待野蛮人[M]. 文敏，译. 杭州：浙江文艺出版社，2010：33.
②［法］列维纳斯. 脸的不对称性：列维纳斯与荷兰电视台记者弗朗斯·居维的对话[M]. 张尧均，译//［法］高宣扬. 法兰西思想评论（第3卷）. 上海：同济大学出版社，2008：241.
③［法］列维纳斯. 脸的不对称性：列维纳斯与荷兰电视台记者弗朗斯·居维的对话[M]. 张尧均，译//［法］高宣扬. 法兰西思想评论（第3卷）. 上海：同济大学出版社，2008：244.
④［南非］J. M. 库切. 等待野蛮人[M]. 文敏，译. 浙江：杭州文艺出版社，2010：33.

赎罪:"责任的悖论在于,它不是我所做的任何行为的结果。这就好像我在做任何事物之前就已经是个负责人,就好像它是先验的,因此,就好像我并没有被人选择就已经是个负责人了,就好像我在赎罪,好像我是作为一个人质而表现自己。"[①]老行政长官有一种集体性的身份感,他将野蛮女身上的伤痕看作是自己的罪责,并且企图通过他个人的赎罪行为替虐待她的人赎罪。但问题是,赎罪的方式不能掺有任何暴力、强迫的成分,否则赎罪就会重蹈犯罪的覆辙。即使一丁点儿的暴力都会令老行政长官良心不安:"她的嘴唇闭得紧紧的,她的耳朵想必也这样,她根本就不需要老年男人和他们的微弱的良知,我在她旁边轻手轻脚地走动,告诉她有关不准流浪的治安条令,感到自己很恶心。她的皮肤在门窗紧闭的温暖房间里慢慢泛出亮光。她用力扯开外套,把脖子对着炉火。我意识到,其实自己跟那些折磨她的人之间没有多大差别;我陡然起颤。"[②]老行政长官的非暴力思想发挥到了极致,竟连"告诉她有关不准流浪的治安条令"都会令他恶心!

如果赎罪的过程中没有自我的任何"暴力",那么赎罪的过程就无法反抗暴力;甚至对于忏悔者来说,赎罪过程需要借助暴力的报复。老行政长官后来确实受到了惨烈的报复,但报复者却来自自我(作为帝国整体的自我)内部。如果说"非责任"意味着"杀人",而"杀人"意味着自我对他者施加暴力,那么责任就意味着"汝毋杀人",而"汝毋杀人"意味着暴力无处释放,只能在自我之中打转。力(力比多)朝向了自我内部,这或许就是老行政长官和列维纳斯均带有受虐倾向的原因。可以肯定的是,老行政长官遭到毒打之后,得到了赎罪的快感:"当两个人一边一个挟着我的胳膊拖着我穿过叽叽喳喳的人群走向囚室时,我甚至微笑起来。"[③]小说的后半部分以受虐式赎罪为主题,老行政长官受到了惨无人道的折磨,在皮开肉绽的疼痛、呻吟和梦境中实现了自我救赎。在肉体的痛苦上,他终于与野蛮人走向了同一:"我喉咙里发出第一道惨烈的号叫,犹如滚滚砾石倾泻而下,我一声接一声嘶叫着,不可遏止。这是意识到身体惨遭蹂躏后再也无法修复的悲咷,恐惧而绝望的惨叫……'这是在召唤他的野蛮人朋友。'看热闹的人打趣说,'诸位听到的是野蛮人的语言。'一阵大笑。"[④]野蛮人的语言!小说在这里走出了列维纳斯,自我与他者的关系再度翻转了过来:他者不是别人,正是自我!他者内在于自我的人格面具之下,因此走向他者就意味着弗洛伊德意义上的疯癫:本我溢出了自我,自我冲垮了超我。文明与野蛮的关系也在这里翻转了:帝国下的"文明"成了极度野蛮的"规训与惩罚"。文本在这里进入了福柯,进入了权力对"自我—他者"之自然关系的压制性破坏。福柯很少去考虑处于自然状态的"自我—他者"关系,更多的是考虑处于文化层面的"自我—他者"关系。福柯的文本可以看作是对列维纳斯之责任问题的风险的估量。责任必定要面临"生命不可承受之重",必定面临着"文明"的规训与惩罚,其斗争场域同时占有了文化心理与身体负重的层面。责任者,也就是人质、赎罪者,必然要面对被施暴的风险;然而被施暴者能通过呼喊的方式感召其他的施暴者吗?在《等待野蛮人》中,老行政长官没

① [法]列维纳斯.脸的不对称性:列维纳斯与荷兰电视台记者弗朗斯·居维的对话[M].张尧均,译//[法]高宣扬.法兰西思想评论(第3卷).上海:同济大学出版社,2008:244.
② [南非]J. M. 库切.等待野蛮人[M].文敏,译.杭州:浙江文艺出版社,2010:36.
③ [南非]J. M. 库切.等待野蛮人[M].文敏,译.杭州:浙江文艺出版社,2010:142.
④ [南非]J. M. 库切.等待野蛮人[M].文敏,译.杭州:浙江文艺出版社,2010:159.

有形成任何的感召力，他只不过完成了自我的救赎。他对上校的影响力最多不过是那几句虔诚而微弱的口语：

> 我一定要给他一个教训——这是我早已在脑子里转悠过上百遍的念头。我用口形说出下面的话时一直盯着他的眼睛(他盯着我翕动的嘴唇)："罪恶潜伏在我们身上，我们必须自己来担当。"我点着头，又点头，尽可能使传递的意思准确无误。"不关别人的事。"我说，我重复这些字句，指指自己胸口，又指向他的胸口。他看着我的嘴唇，自己那副薄薄的嘴唇也模仿我翕动起来，也许是在嘲讽(我没明白过来)。①

上校最后是被野蛮人赶跑的，而非老行政长官。自我对他者的责任处于一种贫弱的状态，很难与暴力抗衡。老行政长官并不是一个完美的人物，他严重地缺乏斗争性，将责任的实践能力大大地弱化了。除了受虐式的自我救赎，他无法阻止军队的出征，无法改变他人的暴力逻辑。责任在列维纳斯的语境中是无法回避的，是具有原初性的意义的，是他性的根本归宿；然而实践责任的方式却有更多的可能性。这种可能性同样隐藏在《等待野蛮人》之中。

三、语言转向的可能性

老行政长官用尽了各种方式，终究没能进入他者。他送还了野蛮女，而这也是唯一可以尽到他责任的方式。野蛮女始终是以空白的意义体存在的，老行政长官几乎无法对她进行解读。这种不可绎读的情况实际上是由语言问题导致的。在送走野蛮女的那天，野蛮女和骑马的野蛮人曾有过短暂的交流，这时候老行政长官才幡然醒悟："'真是错过了可贵的时机，'我想，'在那些无事可做的长夜里，本来应该让她教我学说她的语言！现在已经太晚了。'"②他确实在身体的试探上徘徊了太久，而忘记了以语言进入他者的方式。事实上，语言才是他者的载体，而非身体。老行政长官一开始就搞错了，以至于他对野蛮女的意义一无所知。当上校拿出老行政长官叛国通敌的证据——那些年代久远的木简时，他的语言无能和文本误读的问题凸显了出来：

> 端视着那些年代久远的陌生人刻下的字符，我甚至想不出该从左往右念还是从右往左念。我曾在长夜里对着这些藏品冥思苦想，算起来我藏有四百多种不同字符的文本，也许是四百五十种。可是我根本不知道它们代表的是什么意思。是不是每一个字符代表一个事物，一个圈代表太阳，一个三角形代表女人，一个波纹代表湖；还是圈只是"圈"的意思，三角形就是"三角形"，波纹就是"波纹"？要不每个字符代表的是不同发声部位，如唇齿、喉部、胸腔之类，它们协调起来就能发出不同的声音，这就是难以想象的业已消亡的蛮族语言？也许我那四百个字符别无他意，只是二十到三十个基本字母的花饰写法，而以我之愚笨居然看不出来？③

① [南非] J. M. 库切. 等待野蛮人[M]. 文敏，译. 杭州：浙江文艺出版社，2010：190.

② [南非] J. M. 库切. 等待野蛮人[M]. 文敏，译. 杭州：浙江文艺出版社，2010：96.

③ [南非] J. M. 库切. 等待野蛮人[M]. 文敏，译. 杭州：浙江文艺出版社，2010：145-146.

接下来,老行政长官的胡编乱造只是为了激怒上校,他甚至说:这些木简"横过来可以读作帝国最后时日的一段历史——我说的是旧的帝国"[①]。老行政长官没有传达任何木简上的信息,作为他者载体的语言尘封于历史深处,令上校无从知晓。如果这里的语言能够成功破译,甚至有更多的人能习得这种语言,那么他者的文明就能重现,帝国对野蛮人的眼光或许也能改变。但小说中只有老行政长官那文化研究式的激进解读,而没有斯皮瓦克式的比较文学。

斯皮瓦克不断地强调对异质性语言的学习,正是对《等待野蛮人》这部小说所保留的一种可能性的开掘。在语言学习之外,《等待野蛮人》几乎已经探索了所有进入他者的方式。其一是暴力的方式,这是帝国的做法。老行政长官弃绝了这种方式:"……她好像没有内核,只有一层表皮,而我一再探求如何进入的问题。那些折磨拷打她的人以为那也是一种探求的方式吗?他们以为那是什么呢?这是第一次,我为他们生出了一种悬拟的遗憾:你以为能够用烧灼、扯拽或是砍劈来探测别人身体内的秘密,从根本上就是一个错误!"[②]但问题是,帝国没有弃绝这种方式,小说中也没有留下任何改变其暴力的可能性。其二是插入的方式。如果没有得到他者的认同,那么插入就与暴力无异;但既使得到了认同,插入也不意味着进入他者,因为他需要相应的美学条件。老行政长官那衰老而松弛的身体显然不具备美学条件,更不可能是他者的美学选择,因此这一方式是错误的。其三是责任的方式。老行政长官自我责任的觉醒完全是一种个体事件,他虽然帮助野蛮女返回了她的地方,完成了自我的救赎,但对整个帝国体系却没有什么实际的改变,也没有真正地进入他者。列维纳斯式的责任趋向于缺乏实践能力的纯自然状态,且没有给出复原这一自然状态的途径,因此责任的实践能力极低,往往受限于非自然状态中的暴力他者关系。在进入他者和进入自我方面,责任的方式必要而不充分。以上三种方式都是在缺乏语言介入的情况下所做出的徒劳的努力。语言训练可以再现他者的异质性经验,比任何的方式都更加直接和有效。如果《等待野蛮人》中的任一人物能够对他者语言产生学习兴趣,那么小说的结局将会改写,老行政长官也不会一而再、再而三地在梦境中被那没有脸的白色雪人所困惑,或被那不断膨胀的白色身体所挤压而窒息。当然,语言学习是作为一个问题从小说中抛出来的,它有进展的可能性,但却没有制度上的保证。但斯皮瓦克认为,在当代语境中,关于语言学习的团队教学与制度保证不成问题。[③]因此,我们现在完全可以尝试用语言的方式建构他我关系,以此来回应比较文学的后殖民批判与"危机论"话语,重塑这门学科的研究理论与方法。

---

①[南非]J. M. 库切. 等待野蛮人[M]. 文敏,译. 杭州:浙江文艺出版社,2010:147.

②[南非]J. M. 库切. 等待野蛮人[M]. 文敏,译. 杭州:浙江文艺出版社,2010:57.

③ Gayatri Chakravorty Spivak. Death of a Discipline[M]. New York: Columbia University Press, 2003: 23.

试论巴渝古诗词的英译现状与意义①
——以写于重庆的李杜二诗为例

周睿
（西南大学文学院，重庆市北碚区，400715）

【摘要】服务于新时代背景下的重庆文化传播，将巴渝古典诗的外译作为重要的传播路径进行实践是必要而紧迫的。本文试以在重庆地域书写的两首著名唐诗——李白《早发白帝城》和杜甫的《登高》为个案，通过前者梳理巴渝古诗词的英译文本的实际状况，通过后者审视巴渝古诗词的英译传播问题，从而探讨重庆古典文学的海外传播在英译实践上如何结合海内外译者众家之长，倡导将这些文化遗产翻译为英文加以外译的努力和尝试。

【关键词】古典文学；唐诗；重庆；英译

一、导言：作为文化遗产的巴渝古诗词亟待外译

纵观重庆古诗词的历史，文学史和文化史上响当当的人物，诸如梁简文帝、梁元帝、陈叔宝、卢照邻、杨炯、陈子昂、沈佺期、张说、张九龄、李白、杜甫、王维、岑参、白居易、元稹、刘禹锡、薛涛、武元衡、韦处厚、张籍、孟郊、李贺、戎昱、李群玉、温庭筠、贯休、郑谷、陆龟蒙、李珣、周敦颐、文彦博、寇准、王安石、苏洵、苏轼、苏辙、黄庭坚、冯时行、朱熹、王十朋、陆游、范成大、文天祥、汪元量、赵孟頫、杨慎、曹学佺、王士祯、何景明、破山禅师、崇祯帝、王尔鉴、张之洞、张问陶，这些大名鼎鼎的诗人都跟重庆有缘，重庆在中国古典文学史上绝非无足轻重。

本文所提到的"巴渝古诗词"，应该有一个基本的界定：什么样的诗词才能算得上"巴渝"的"古诗词"。从时代上来说，在清朝结束统治的1911年之前的作品，属于传统意义上的"古典文学"或"古代文学"的"旧体诗"范畴，现代新诗则不入选。从体裁上来说，古诗词遵循古典诗词的基本规律，以古汉语为语言文字的载体，符合古汉语语法规范，分为古体诗和近体诗两大类，以五言和七言为主，讲求押韵，近体诗更要求平仄、对仗、平声韵等格律要素。此外，广义的"诗"也包括词、

① 基金来源：2016年重庆市社科规划项目，2016YBWX073。

曲、歌、行、赋等韵文，散文则不入选。从地域上来说，立足“巴渝”。“巴渝”原指川东一带，是巴蜀文化的有机组成部分。重庆直辖之后，“巴渝”专指重庆。因此，“巴渝古诗词”既包括巴渝地区的古代本土文人与过境文人创作的具有鲜明巴渝特色的古典诗词，也包括以传统的巴渝山水与文化为题材创作的古典诗歌，是重庆历史文化的重要展现方式。

对重庆古诗词的整理工作已陆续展开，涌现出《重庆题咏录》《渝州历代诗文选》《夔州诗全集》等整理成果，但大部分成果仍仅限于对巴渝诗词的简单罗列，不仅本身缺少详细的注释与考证，更谈不上古诗词与现代文化传播范式研究的结合。文化传播软实力的缺失依然是重庆整体开放发展中的短板之一。深厚悠久的传统文化被急速的经济发展所掩盖，使人们对重庆文化的认识不够深刻，乃至产生诸多误解，甚至有人认为重庆没有自己的传统文化。家有卞玉，无奈乏识，内容丰富却又零星散落的巴渝古诗词传播资料，罕有名宿嘉著与之相匹。服务于新时代背景下的重庆文化传播，将巴渝古诗词的外译作为重要的传播路径进行实践是必要而紧迫的。一些历史文化名城，例如西安、北京、苏州等城市，开始注意在对外文化宣传中融入本地文学遗产的英译和推介；也有相关专题研究的尝试，如《福建戏曲海外传播研究》。因此，探索巴渝古诗词的专门译介，对开放中的重庆来说，既是创新，也是挑战。如何寻求范式路径，又如何彰显特色，实现自我突破，是我们亟待思考和解决的问题。

古典诗词作为中国文学遗产的精粹，最能代表一座城市厚重的文化与历史。同时，推进一座城市文化事业、产业的繁荣发展，也必须加强本土文化的对外传播。在全球化背景下，研究和制定重庆文化海外传播战略，有利于我们进一步构建和完善巴渝文化面向世界的文化开放格局。不深入探讨巴渝古诗词的传播范式并进行实质性的英译践行，难以清算燕书郢说的遗留，更难借此扩大巴渝文化在海外传播中的文化形象，使重庆在对外开放中的形象受到影响。本文立足重庆文化的域外传播研究，结合海外中国诗教育与科研领域的实际需求，尝试梳理部分巴渝古诗词的英译文本，并在此基础上审视巴渝古诗词的英译传播问题，进而寻求新时期古典文化研究与推广的新途径。

二、版本：以李白的《早发白帝城》为例梳理巴渝古诗词的英译文本

严格来说，巴渝古诗词并未作为独立的研究和翻译对象存在于中国文学外译史的舞台上，然而，作为中国古典文学的重要组成部分，巴渝古诗词也被零星地介绍到英语世界。

写于759年的《早发白帝城》是李白从重庆奉节白帝城遇赦、顺江而下直抵湖北江陵的途中挥毫而就的一首快诗，是李白作品中流传最广的名篇之一，一名《下江陵》。此诗既以七绝的形式展现了诗人遇赦后痛快愉悦、死里逃生的心情，同时又是一幅中古时期三峡地区的江山画卷。故而杨慎盛赞其“太白述之为韵语，惊风雨而泣鬼神矣”，全是诗仙风神；沈德潜《唐诗别裁》称其“画家布景设色，每于此处用意”，则留意于文学与绘画艺术的款曲互通。本节即以此首作品为例，大致列举唐代巴渝诗英译传播的版本。

1. 海外译者作品选译

(1)译本 I

1919, William John Bainbrigge Fletcher(弗莱彻,英国)

Gems of Chinese Verse《英译唐诗选》

QUITTING POTI AT DAWN

Poti amid its rainbow clouds we quitted with the dawn,
A thousand li in one day's space to Kiang-ling are borne.
Ere yet the gibbon´s howling along the banks was still,
All through the cragged Gorge our skiff had fleeted with the morn.

四行,扬抑六步格为主,东方韵式,AABA,押阳韵,地名音译,威妥玛拼读。

(2)译本 II

1947, Robert Payne (白英,英国)

The White Pony: An Anthology of Chinese Poetry《白驹集》

LEAVING WHITE EMPEROR CITY AT DAWN

At dawn amid colored clouds I left White Emperor City:
A thousand miles to Chiang Ling I was there in a day!
Chattering monkeys on the cliffs, no end to their bawling.
So the light boat slipped past the ten thousand mountains.

四行,抑扬七步格为主,不押韵,地名意译+音译,威妥玛拼读。

(3)译本 III

1967, Shih-shun Liu(刘师舜,美国)

One Hundred and One Chinese Poems《中诗选辑》

GOING DOWN TO CHIANG-LING

In the morning I leave Po-Ti perched in the clouds.
The long trip to Chiang-ling is compressed to a day,
Before the wailing of the apes on both banks ceases,
As the light boat passes, the mountains are engulfed.

四行，抑扬五步格为主，不押韵，地名音译，威妥玛拼读。

(4)译本Ⅳ

1973, Arthur Cooper（亚瑟·库珀，美国）

Li Po and Tu Fu: Poems Selected and Translated with an Introduction and Notes《李杜诗选》

EARLY DEPARTURE FROM WHITE KING CITY

At dawn we leave White King, its clouds all coloured,

For passage to Kiang-ling in one sun's circuit:

While both banks' gibbons cry calls still unceasing,

Our light boat has gone by many fold mountains.

四行，抑扬六步格为主，不押韵，地名意译+音译，威妥玛拼读。

(5)译本Ⅴ

2006, 施颖洲（菲律宾）

Tong and Song Poetry:Chinese-English《中英对照读唐诗宋词》

DOWN TO KIANG-LING

At dawn I left Po-ti, high in clouds gay;

Sailed thousand li to Kiang-ling in a day.

As apes yelled ceaselessly on either shore,

The skiff slid myriad mount ranges away!

四行，抑扬五步格为主，东方韵式，AABA，押阳韵，地名音译，威妥玛拼读。

2. 中国译者作品选译

(1)译本Ⅰ

1985, 翁显良

《古诗英译》

HOMEWARD!

Good-bye to the city high in the rosy clouds of dawn.

Homeward, out the gorges, out today!

Let the apes wail. Go on.

Out shoots my boat. The serried mountains are all behind.

四行,扬抑五步格为主,变体较多,不押韵,地名不译。

(2)译本II

1997, 王大濂

《英译唐诗绝句百首》

SAILING FROM WHITE KING TOWN

Having left White King Town at dawn, where red clouds play;

I'm back to Jiangling through sailing long miles one day.

With monkey's cries along both banks still ringing in my ears,

My skiff has passed by mountains, one and all, in cheers.

四行,扬抑七步格为主,重叠韵式,AABB,押阳韵,地名意译+音译,拼音拼读。

(3)译本III

2004, 许渊冲

《中国古诗精品三百首》

LEAVING THE WHITE KING'S TOWN AT DAWN

Leaving at dawn the White King crowned with rainbow cloud,

I have sailed a thousand miles through Three Gorges in a day.

With monkeys' sad adieus the riverbanks are loud;

My boat has left ten thousand mountains far away.

四行,扬抑七步格为主,交替韵式,ABAB,押阳韵,地名意译。

(4)译本IV

2006, 任治稷、余正

《从诗到诗:中国古诗词英译》

EARLY EMBARKING FROM BAIDI TOWN

Morning farewell to Baidi high up in the colorful clouds,

A thousand-li back to Jiangling just one-day jaunt.

As cries of apes came from the banks without letup,

Our light boat had already thousands of mountains logged.

四行,扬抑六步格为主,不押韵,地名音译,拼音拼读。

(5)译本V

2006, 龚景浩

《英译唐诗名作选》

SAILING EARLY FROM BAIDI TOWN

We set sail at dawn from Baidi Town under a rosy sky,

On a thousand-li trip down to Jiangling and back the same day.

The noisy chatter of apes from the shores followed us all the way.

Lightly, our boat skipped past ten thousand green mountains high.

四行,扬抑七步格为主,搂抱韵式,ABBA,押阳韵,地名音译,拼音拼读。

(6)译本VI

2012, 何中坚 C.K.Ho(香港)

《全新英译唐宋诗词选》

SAILING DOWN TO JIANG LING

Bai Di we left under rosy clouds at dawn;

To Jiang Ling we returned in a day's journey a thousand miles long.

Amidst incessant howling of gibbons on the shores;

Through myriads of mountains our light boat had gone.

四行,抑扬六步格为主,东方韵式,AABA,通押阳韵,地名音译,拼音拼读。

(7)译本VII

2014, 许渊冲

《李白诗选》

LEAVING THE WHITE EMPEROR TOWN FOR JIANGLING

Leaving at dawn the White Emperor crowned with cloud,

I've sailed a thousand li through Canyons in a day.

With monkeys' sad adieus the riverbanks are loud;

My skiff has left ten thousand mountains far away.

四行,扬抑七步格为主,交替韵式,ABAB,押阳韵,地名意译。(对早年版本的修正)

三、译艺:以杜甫的《登高》为例审视巴渝古诗词的英译传播问题

上节仅对李白《早发白帝城》的英译版本作了梳理,并未深入探讨跨文化的语际和文化差异,这个问题将留待本节予以详细检视。杜甫无疑是中国文学史上被研究得最为深入的诗人之一,他的作品也被大量介绍和翻译到英语世界。而杜甫跟重庆有着不解之缘,安史之乱后,杜甫于765年5月离开成都草堂,经嘉州(乐山)、戎州(宜宾)、渝州(重庆)、忠州(忠县)、云安(云阳),自766年起寓居夔州(奉节)近两年,到768年正月出峡离境。在夔州之时是杜甫诗艺日臻顶峰的时期,代表作如《秋兴八首》《咏怀古迹五首》《八哀诗》《白帝城最高楼》《观公孙大娘弟子舞剑器行》等,其在七律及其组诗的创作上到达了高潮。本节将以杜甫在奉节时期创作的代表七律《登高》为个案,审视巴渝古诗词的英译版本、翻译策略与文化差异等问题。

宇文所安是北美中国古典文学研究的重要代表人物,从事中国古典诗研究,著有多种经典研究专著,在北美汉学界具有很大的影响力。同时,他在中国传统文学的英译上也付出很大心血,已经出版了*An Anthology of Chinese Literature*(《中国文学作品选》)、*Readings in Chinese Literary Thought*(《中国文论:英译与评论》)等英译本。在杜甫研究领域,宇文所安也有自己的见解。除了*The Great Age of Chinese Poetry: The High T'ang*(《盛唐诗》)、*Traditional Chinese Poetry and Poetics: Omen of the World*(《中国传统诗歌与诗学:世界的征象》)、*The Cambridge History of Chinese Literature*(《剑桥中国文学史》)的精彩阐释与分析之外,2016年1月,宇文所安正式出版了*The Poetry of Du Fu*(《杜甫诗》)。这本译本是史上继James R. Murphy之后的第二本杜诗英文全译本,分六卷近三千页,由德国著名的学术出版机构Walter De Gruyter Inc发行,并被列为《中华经典文库》第一种。

杜诗英译一直都是译界热点,国外及国内代表集包括Florence Ayscough(艾思柯)的*Tu Fu: Autobiography of a Chinese Poet*(《杜甫:一位中国诗人的自传》,1929),William Hung(洪业)的*Tu Fu: China's Greatest Poet*(《杜甫:中国最伟大的诗人》,1952),Rewi Alley(路易·艾黎)的*Tu Fu Selected Poems*(《杜甫诗选》,1964),David Hawkes(霍克思)的*A Little Primer of Tu Fu*(《杜甫初阶》,1967),A. R. Davis(戴维斯)的*Tu Fu*(《杜甫》,1971);Arthur Cooper(亚瑟·库珀)的*Li Po and Tu Fu: Poems Selected and Translated with an Introduction and Notes*(《李杜诗选》,1973),Sam Hamil(汉米尔)的*Facing the Snow: Visions of Tu Fu*(《对雪:杜甫的视界》),Eva Shan Chou(周杉)的*Reconsidering Tu Fu: Literary Greatness and Cultural Context*(《再议杜甫:文学丰绩和文化语境》,1995),Burton Watson(华

兹生)的*The Selected Poems of Du Fu*(《杜甫诗选集》,2002),David Hinton(戴维·亨顿)的*Selected Poems of Tu Fu*(《杜甫诗选》,1989),David R. McCraw(麦大伟)的*Du Fu's Laments from the South*(《杜甫的南方悲歌》,1992),Keith Holyoak(基思·霍尔约克)的*Facing the Moon: Poems of Li Bai and Du Fu*(《对月:李杜诗选》,2007),David Young(大卫·杨)的*Du Fu: A Life in Poetry*(《杜甫:诗史一生》,2008),Jonathan Waley(乔纳森·韦利)的*Spring in the Ruined City: Selected Poems of Du Fu*(《春望:杜甫诗选》,2008),Jean Elizabeth Ward(珍·伊丽莎白·沃德)的*Tu Fu: Remembered*(《被记住的杜甫》,2008),James R. Murphy(詹姆斯·墨菲)的*Murphy's Du Fu*(《墨菲译杜诗》,2009,第一个英译全本),Mark Alexander(马克·亚历山大)的*A Little Book of Du Fu*(《杜甫小册》,2010)等。除此之外,诸如杨宪益、徐忠杰、吕叔湘、梁宗岱、汪榕培、孙大雨、顾正阳、章学清、俞宁、唐一鹤等也是中国古典诗包括杜诗英译的重要学者。而宇文所安敢以“全译”这样的“大手笔”探路,无疑其具有超强的学术功力、扎实的外语水平和开阔的译介视野。本节以宇文所安的英译本为中心,探讨《登高》英译艺术的利弊,以求客观公正地审视其对中国传统文学以及巴渝古诗词域外传播的贡献与价值。

中国古典近体诗严格讲究平仄、对仗和押韵,这对英译中国古诗提出了更高的形式美学的要求。杜甫是中国古典七律范式确立的关键人物,并在排律、拗律、绝句等方面有所创格,对近体诗的格律、句法、结构、修辞等格式方面都有意识加以完善。对杜甫近体诗进行英译时,也有很多译者注意到这些方面的变化与对应。汉语和英语在很多方面都实实在在存在差异,这不仅表现在语音和语法特征等语言形式上,而且也存在于基于不同文化背景上的思维和行为模式的差异中。除此之外,作为一种特殊的文学形式,中国古典诗在基于有别于现代汉语的文言文的诗律诗法的指导下,在词法、句法的层面上表达作者情志方面具有独特的表征。毋庸置疑,传统诗一旦被译为外语,必定失去原有的味道。由此,每个译者所不能避免的问题就是——意译还是直译?宇文所安的《登高》英译版如下:

CLIMBING THE HEIGHTS
The wind blows hard, the heavens, high, gibbons howl in lament,
isles clear, sands white, where birds turn in flight.
Endless trees shed their leaves that descend in the whistling wind,
unending, the long River comes on churning.
Grieving for fall across ten thousand leagues, always a traveler,
often sick in this century of life I climb the terrace alone.
In hardship I bitterly resent these tangled, frost-white locks,
down and out, I recently quit cups of thick ale.

——宇文所安,*The Poetry of Du Fu*,Walter De Gruyter Inc,2016,卷20

在句法和词法结构上，译本保持了律诗八句的对应英译文本，选词上也注意到让每一句诗的长度尽可能保持一致；在词法句法上，也多与原文相协。比如首句，宇文有意识地全部运用三组主谓式句法，而次句改用一个地点状语从句来避免句式的单一性，但是仍然保持了意象叠加的结构。比较其他的译本：

I.

In a sharp gale from the wide sky apes are whimpering,

Birds are flying homeward over the clear lake and white sand.

——Witter Bynner 宾纳，*The Chinese Translations*（《中诗翻译》）Farrar, Straus and Giroux，1931

II.

Hard blows the wind under a high sky

amid the gibbons' howls of woe;

Above the islet's pure water

and white sand, birds circle low.

——何中坚 C.K.Ho，《全新英译唐宋诗词选》（*Chinese Poetry of Tang and Song Dynasties: A New Translation*），香港商务印书馆，2012

显然在句式上，后面两则译文皆显得比较冗沓，尤其是介词 in、from、over、under、amid、above 的插入，让语法结构显得复杂化，把原本复义的解读可能性简单化、一体化，甚至不惜颠倒语序和词序，打破原有的意象并置的结构，有译者过度阐释之嫌。

在对仗问题上，宇文在处理上显得有些漫不经心。例如首联，出句和对句之间在译本上就不太能看得出有严整的对仗性，反而是次句的特殊对仗形式句中对，处理得非常出色。汉语中的数量短语，"万里""百年"译为"ten thousand leagues""this century of life"差强人意，凸显出了原诗的时空转换之感；而"无边""不尽"译为"endless"和"unending"则是神来之笔。此外，叠字的运用，如"萧萧""滚滚"，都没有得到有效的处理，这是比较遗憾的。对比其他译本：

I.

Without bounds is the forest, leaves fall, swish, swish, they drop;

No ending has Great River, swirl, swirl, it comes.

——Florence Ayscough 艾思柯，*Tu Fu: The Autobiography of a Chinese Poet*（《杜甫：一位中国诗人的自传》，Houghton Mifflin Company，1929

II.

Boundless fall leaves swishing down and down,

Endless the Yangtze River rolling on and on.

——任治稷、余正,《从诗到诗:中国古诗词英译》(*From Poem to Poem: An English Translation of Classical Chinese Poems*),外语教学与研究出版社,2006

前者连用动词 swish、swirl,且在字形上相近,完美地再现了叠词艺术的复沓之美,后者则用 down and down 和 on and on 的介词叠加的方式,以英语中的叠字形式更好地对应了中诗现象。

在处理典故问题上,正如宇文有自己一贯所持有并强调的做法,《登高》译本一个注脚都没有,这是基于文本在字面上不晦涩,无须更多的阐释也能让读者不至于误读。不过,如果能够点明"重九"这一时间点的话,会跟中国文化联系得更加紧密。

而在意象的翻译上,还是有不少值得推敲之处。"猿"是中国古诗的常见意象,其啼甚苦,使人闻此肠断。宇文翻译成 gibbon,很多译本比如弗莱彻(1919)、艾思柯(1929)、洪业(1952)、柳无忌(1990)、华兹生(2002)、施颖洲(2006)、何中坚(2012)等也使用的这个词。据牛津英语辞典对 gibbon 的解释:

A small, slender tree-dwelling ape with long powerful arms and loud hooting calls, native to the forests of SE Asia.

也有一些译本,比如宾纳(1931)、戴维斯(1971)、许渊冲(2004)等使用的是 ape,牛津辞典释为:A large primate that lacks a tail, including the gorilla, chimpanzees, orangutan, and gibbons. 则知 ape 词性内涵比 gibbon 要大,包括所有的灵长猿类。相比之下,gibbon 灵巧而有地域性,且更符合中文古诗的意境。至于为了照顾读者的习惯而译为 monkey,例如路易·艾黎(1964)、吴钧陶(1985)、李惟建/翁显良(1985)、谢文通(1985)、杨宪益/戴乃迭(1990)、徐忠杰(2000)等,则有误译之嫌。"萧萧下"译成"descend in the whistling wind",没有很好地体现出对仗意象的巨细张力,且无法表现出叠词的审美取向。"长江"译为"long River",大写 River 以示长江,与诸本译为 Yangtze 有别。"万里"译成"ten thousand leagues",太拘泥。league 作为度量单位里格,是一个中古英语词汇,大约等于三英里,对今天的读者来说稍显陌生,而诸本用 mile 或者 li,理解起来会更容易一些。"百年"本为一个概数,译为"this century of life",巧妙地将"百"字嵌入译文中,浑然天成,而其他的版本多译为 years(弗莱彻 1919、许渊冲 2004)、whole life(洪业 1952、柳无忌 1990、麦大伟 1992)、lifelong(吴钧陶、谢文通 1985)、all (the years of) my life(杨宪益 1990、周杉 1995),则无法跟"百"字相对照,而直接译为 a/one hundred (years)(艾思柯 1929、宾纳 1931)又显得太过于拘泥和生硬。大概宇文借鉴了前辈译者霍克思(1967)的译法(a century's diseases)。"lock"指代鬓发,源自中古英语,会让译文显得古朴,但是也会让现代读者有些费解,此译法源自弗莱彻(1919)及华兹生(2002)的版本,也很有见地。此外,其他译本则多用(hairs of) temple,也有少数误译的,比如 brow hair(眉毛)(艾思柯 1929、麦大伟 1992),head hairs(头发)(洪业 1952、叶维廉 1976、王玉书 2005)。"浊酒"宇文译成了“thick ale”，比较接近中国酿酒的实际味感，其他译本的muddy wine（洪业、华兹生）、cloudy wine（任治稷）、unstrained wine（柳无忌）、thick dust wine（宾纳）、turbulent wine（叶维廉），或者还有就是根本不译“浊”，都不如宇文的译本精确，也可见宇文所安在中诗意象英译时对意象的琢磨与推敲。

最后看押韵。中国近体律诗通首诗押同一韵，不允许换韵，韵脚落在偶句的最后一字上，有时首句也可入韵。宇文所安的译本，则是完全不考虑押韵的问题，考虑到英美读者的接受来说，英诗的韵律感丧失殆尽，只能从忠于文本的角度来解释他的翻译策略，是孟子所云：“故说诗者，不以文害辞，不以辞害志；以意逆志，是为得之。”

而大体来看，国外译者往往不太重视押韵的问题，而强调译本的不增不减，而中国译者则偏向于呈现出韵律美。例如，华兹生、柳无忌的译本跟宇文一样，完全不押韵：

I

Wind shrill in the tall sky, gibbons wailing dolefully;
beaches clean, sands white, overhead the circling birds:
leaves fall, no end to them, rustling, rustling down;
ceaselessly the Long River rushes, rushes on.
Autumn sorrow ten thousand miles from home, always a traveler;
sickness dogging each year of my life, I climb the terrace alone.
Troubles, vexations, coat my sidelocks with frost;
listless at this new blow, I forgo the cup of muddy wine.

——Burton Watson 华兹生, *The Selected Poems of Du Fu*（《杜甫诗选》）, Columbia University Press, 2002；湖南人民出版社, 2009

II

When winds rage and the sky is high, gibbons cry mournfully;
Over white sands on a clear riverbank, birds fly and whirl.
Leaves fall from deep woods- rustling and soughing;
The Long River rolls on, forever, wave after wave.
Ten thousand miles away in sad autumn, I often find myself a stranger;
My whole life afflicted by sickness, I mount alone the high terrace.
Beset by hardships, I resent the heavy frost on my temples;
Dispirited, I have by now abandoned my cup of unstrained wine.

——Wu-chi Liu 柳无忌, Irving Yucheng Lo 罗郁正, *Sunflower Splendor: Three Thousand Years of Chinese Poetry*《葵晔集》, Indiana University Press, 1990

而弗莱彻的版本(1919),则破坏了文本原有的八句式,呈现出双行押韵,两句一换韵的特点:

The wind so fresh, the sky so high
Awake the gibbons' wailing cry.
The isles clear-cut, the sand so white,
Arrest the wheeling sea-gulls' flight.
Through endless space with rustling sound
The falling leaves are whirled around.
Beyond my ken a yeasty sea
The Yangtze's waves are rolling free.
From far away, in autumn drear,
I find myself a stranger here.
With dragging years and illness wage
Lone war upon this lofty stage.
With troubles vexed and trials sore
My locks are daily growing hoar:
Till Time, before whose steps I pine,
Set down this failing cup of wine!

—— W. J. B. Fletcher, *Gems of Chinese Verse*(《英译唐诗选》),商务印书馆,1919

而国内学界追求化境,讲求音美、形美、义美的统一,代表人物许渊冲(2004)的版本如下:

The wind so swift and sky so wide, apes wail and cry;
Water so clear and beach so white, birds wheel and fly.
The boundless forest sheds its leaves shower by shower;
The endless river rolls its waves hour after hour.
A thousand miles from home, I'm grieved at autumn's plight;
Ill now and then for years, alone I'm on this height.
Living in times so hard, at frosted hair I pine;
Cast down by poverty, I have to give up wine.

——许渊冲《中国古诗精品三百首》(300 *Gems of Classical Chinese Poetry*),北京大学出版社,2004

许译本的韵脚选字分别是cry/fly[aɪ],shower/hour[aʊə],plight/flight[aɪt]和pine/wine[aɪn],而弗莱彻的版本的重叠韵则更替频繁,也不惜重韵的冲突,许译本更符合中诗的韵律节奏。不过许先生的译诗为了叶律，有的时候会有割裂文本、误译偏译的危险。

还值得一提的是菲律宾华人译者施颖洲的译本(2006)，他有意识地将中诗出现韵脚的位置，也在英诗中“原址重建”，选择了与原诗平水韵的“十灰”[ei]韵近似的[aɪ]为主韵部，且出现的位置都与原诗保持一致，在听觉上有种复古感：

Wind sharp. Sky high. The gibbons whining cry.

Shore clear. Sands white. The birds back whirling fly.

The dropping leaves, unending, rustling fall.

Long River, limitless, comes rolling by.

Sad autumn, miles from home, I' m oft a guest.

Ill health in years, alone to heights I hie.

Distressed, my temples turning frost I hate.

Hard hit, foul cup of wine I just deny.

——施颖洲，《中英对照读唐诗宋词》(*Tang and Song Poetry: Chinese-English*)，九歌出版社，2006

由于英语中并无“四声”的概念，传统中国古典诗的韵律系统严格区分平仄的特点在译诗中会被忽略，转而关注英诗的调格和音步的节奏的和谐，有的时候，英译本中通韵、转韵及韵尾辅音的添加在一定程度上被许可，这些或值得宇文先生斟酌。

四、结语：巴渝古诗词英译实践的期待

通过梳理我们发现，重庆古典文学的海外传播从未成为真正的研究焦点，尤其是明清文学作品的英译，几乎完全是空白，这跟重庆目前开放的经济体现状是不符的。已有学者注意收集和整理散见于各种典籍中的与重庆自然及人文相关的古典诗词，一方面对这些传统语言文学遗产进行系统的史料考证和文本阐释，另一方面揭示出它们在重庆对外开放中所能彰显的独特的巴渝历史文化价值。然而，在英译实践上如何能结合海内外译者的众家之长，将这些在重庆文化史上占据重要地位的古典诗词作品翻译为英文外译，为重庆对外文化开放提供媒介，则任重而道远，学界呼唤这样的努力和尝试。

巴渝传统文学遗产的海外传播是重庆经济文化的软实力之一，也是构建新型开放关系与和谐世界理念下文化外交与公共外交的重要手段。巴渝古典诗海外译介不仅能弥补中国地域文化研究的空白，而且有利于研究范式的整理与海外译介工作的推进；既能重新估量古典诗词在中华文化中的地位与价值，也将有利于促进本国古典学研究领域的开拓创新，进而适应新时代背景下的文化冲突与文化发展，挑战传统的以西方文论为本位研究的地位，加强东西方文化交流，最终提升重庆的整体文化形象。

新形势下群文书画组织的特点与发展途径

马起
（广州市文化馆，广州市海珠区，510310）

【摘要】在众多群众文化民间组织中，群文书画队伍占有很大比例。他们认真学习，积极参加各类比赛和活动，挥毫泼墨，随类赋彩。有感于群文书画艺术队伍的朝气蓬勃，加上从事群文美术的工作性质，笔者对目前群文书画组织呈现的一些特点和发展途径进行了分析归纳，并提出了一些个人见解，以期待专家学者指正补充。

【关键词】群文书画；特点；发展途径

目前，我国经济发展平稳，人民生活水平蒸蒸日上，群众文化活动也开展得很有特色。群众文化不仅包括唱歌和舞蹈，还包括美术、书法等静态艺术。书画艺术是一门比较难以掌握的艺术门类，要想达到一定的水平需要花费较多的时间和精力去训练，可谓“台上一分钟，台下十年功”。从事书画艺术的群众性组织即群文书画组织，它是群众文化民间组织的一个重要组成部分。

新时期的群文书画组织呈现出以下五个方面的特点。

一、商会背景下的书画研究会（院）越来越多，它们正在积极地发挥着各自的作用

商会是商品经济发展到一定程度的必然产物，一般是指商人依法组建的，以维护会员合法权益、促进工商业繁荣为宗旨的社会团体法人。商会是在市场经济条件下实现资源优化配置不可或缺的重要组织，是实现政府与商人、商人与商人、商人与社会之间相互联系的重要纽带。随着改革开放的不断推进，市场环境越来越自由，人们离开家乡，涌向大城市，从事各种经营活动。在这些人中，不乏书画家以及爱好者，他们在商会的领导下组建书画研究会（院）。这些组织往往比较松散，有事则聚，无事则散。他们创作的书画作品，有的参加展览，有的进行交易，有的则被商会领导作为逢年过节、开业庆典的礼品赠送给社会上的其他部门和名流。商会和书画家各取所需。广东巴蜀文化研究会成立于2011年，其主旨是传播巴蜀文化，推动巴蜀文化与岭南文化间的交流与合作。2015年更名为广东巴蜀文化促进会，以巴蜀文化为纽带，推动巴蜀人士的团结互助，扶贫助困，推优荐贤，共同提升巴蜀文化品牌。广东巴蜀文化促进会下属的广东巴蜀书画研究院，有一百多名书画家，大家互相切磋学习，共同发展，不定期举办展览，资助他人。

二、当地管理有序的书画协会，是书画家们开展交流活动的重要组织

我国有很多各具特色的县和乡镇，有的被称为牡丹之乡，有的被誉为风筝之乡，有的被评为剪纸之乡，也有的号为书画之乡。例如福建的诏安、甘肃的通渭、宁夏的隆德、安徽的萧县以及山东的高唐等地就被原文化部命名为书画之乡。这些县中有自己的书画协会，同时下属的部分乡镇也有更小的书画组织。书画家们在当地进行书画创作，既有经济上的收入，同时还潜移默化地提高了当地人民的文化修养。广州的增城区新塘镇，就设有自己的书画协会，会员达两百多人。这些会员并非都是本地人，也有外地人被吸收纳入的。新塘镇经济实力雄厚，书画协会不用政府掏一分钱，而是通过企业赞助等途径维持，其不定期地举办学习讲座，办得风生水起，红红火火。新塘书画协会鼓励会员创作，鼓励他们将作品送去参加省里和市里举办的各类展览。有的会员还获得各种奖项，彰显了协会的务实精神和领导才能。增城的正果镇也有类似的书画协会组织，会员们经常参加书画作品展览和比赛，生活丰富多彩。广州市的每一个区，几乎都成立了各自的书法协会和美术协会，而且区文化馆的干部大多都担任着该区书法协会和美术协会的领导职务。在他们的组织和带领下，书画活动举办得非常频繁，很好地提高了当地市民的文化艺术水平，丰富了精神生活。

三、由街道文化站牵头组织的书画交流活动定期开展，极大地丰富了当地居民的文化生活

街道文化站是政府文化宣传机构中比较小的单位，也是最接地气的部门。街道文化站组织书画家定期举办书画雅集活动，增加了书画家们互相了解互相提高的机会，也极大地促进了本地的精神文明建设。广州市海珠区滨江街书画协会从属于滨江街文化站，有四五十个会员，每月的20号下午，退休的书画家们便前来活动室进行创作交流，气氛活跃。他们中有写书法的，也有画国画的，同时还有一些其他区的书画家赶来助兴，大家畅所欲言，各抒己见。滨江街的这类做法主要是仿效其相邻的海幢街文化站。在海幢街文化站二楼，有一间很大的书画教室，每月10号的晚上8点至10点，书画家们前来活动，大家伏案挥毫，相互切磋。此项活动已坚持数十年之久，在当地形成了很好的影响。

四、社区、企业集团以及大学校园等成立的书画社团，具有深厚的群众基础

现在的一些成熟社区，人口密集，各种文化活动开展得如火如荼。小区的居委会总是想尽各种办法发展群众文化，丰富居民的生活，如在节假日举办各类展览比赛，其中包含书画摄影展览等，以此来激发广大居民对书画艺术的热爱。有的企业集团，拥有基数庞大的员工，也会定期组织员工进行书画交流活动，邀请书画名家前来开展讲座，或将社会上一些质量较高的书画展览引进来供员工欣赏学习。还有一些兼做文化活动的企业，本身就有自己的书画部门甚至展览厅，策划和举办展览就是他们的分内工作。另外就是大学校园，学子成千上万，有的学校本身就有艺术专业院系，有的即使没有这些专业系别，也成立了诗社、书画社、话剧社等各种社团，在书画方面同样拥有较好的群众基础。

五、各类书院、画派等犹如雨后春笋，在各地生根发芽，成为一大奇观

最近一段时期，兴趣相投的一些书画家聚在一起，成立各种画派、各种书院等。这些书院有的是经过民政部门批准的，有的是书画家们自己私下组织的。北京宋庄的画家村、七九八艺术区以及广州的红砖厂等，既有画院、画室，也有工作室、研究室，同时还有各种艺术派别。广州的小洲村也有志趣相投的年轻人组合成的各类民间书画团体。类似的这种书画团体组织在全国不计其数，成为一大奇观。

综上所述，群文书画以多种方式积极健康地发展，为提高人民的艺术修养、培养大众的审美情趣起到了很大的作用。那么，作为市级文化馆的美术工作者，应该如何在这种新的形势下更有效地开展群文书画活动，以此来丰富人们的精神文化生活、提高民族素质，将《中华人民共和国公共文化服务保障法》真正落到实处？我认为有以下两条途径。

第一条途径是市级文化馆要充分利用资源实行总分馆制，做到资源共享，节约人力和经费，最大限度地将书画普及工作做好、做大和做强。在市级文化馆的带领下，各区美术工作者积极配合，献计献策，形成一个有机的整体。大家拧成一股绳，劲往一处使，互通有无，取长补短，将群文书画活动搞丰富、搞精彩。《公共文化服务保障法》第二条明确指出："本法所称公共文化服务，是指由政府主导、社会力量参与，以满足公民基本文化需求为主要目的而提供的公共文化设施、文化产品、文化活动以及其他相关服务。"因此，我国的公共文化服务应当坚持以人民为中心，为广大人民建造精美的文化家园。我们群文工作者要认认真真、切切实实地做群众文化的传播者。去年广州市文化馆联合广州市美术家协会、广州市书法家协会、广州市摄影家协会，协同各区文化馆联合主办了"云山珠水颂羊城"—— 庆祝改革开放四十周年广州市群文美术书法摄影作品联展，取得了很大的成功。首先是由广州市文化馆统一下发征稿启事给各区文化馆，各区文化馆又将任务下达给区文化站，文化站又将征稿启事通知给每一位作者。由于组织有序、分工明确，最后征集到五百多幅作品，并从中选出一百幅优秀作品先后在黄埔区文化馆、增城区图书馆和新塘镇文体中心巡回展出。最后一站的展出地点是广州市文化馆，其间还聘请了专家来到现场进行作品点评，学员受益匪浅。由于此次活动充分贯彻和落实总分馆制，因此开展得很好，成效显著，受到广大市民的称赞。

第二条途径是利用网络优势，大力发展书画艺术，培养更多的书画爱好者。习总书记曾说过："大力繁荣发展文化事业，推进基本公共文化服务标准化、均等化发展，引导文化资源向城乡基层倾斜，创新公共文化服务方式，保障人民基本文化权益。"因此，从网上招募书画志愿者，使更多的喜爱书画的群众参与到文化馆的有关活动中来，提高文化修养，激发艺术灵感。

新的时代赋予了群文艺术新的涵义，我们群文书画工作者要与时俱进，牢牢树立为人民服务的宗旨，使书画艺术产生更大的活力惠及百姓，以社会正能量影响更多的人民群众。

参考文献：

[1]中共中央宣传部.习近平总书记系列重要讲话读本(2016年版)[M].北京：学习出版社，人民出版社，2016.

[2]中华人民共和国公共文化服务保障法(含草案说明)[M].北京：中国法制出版社，2017.

《寻根》引发的"寻根"思考

杜娜
（重庆市文化研究院，重庆市渝中区，400013）

【摘要】《寻根》是一部以傩戏文化为背景所创作的舞台剧，剧中讲述了一位自幼随师父学习傩戏的孤儿"根儿"，怀揣着带傩戏走出大山的梦想，只身前往城市后的种种境遇。该剧剧情紧紧围绕着古老的傩戏以及傩戏从业者在新时代的命运而推进。剧中的各个人物形象深刻动人，并呈现出传统戏剧文化不同创业人群在新时代的不同观点和遭遇：坚守者"自然死亡"，放弃者"人误致死"，激进者"也难逃死"，唯渔利者"获利处优"，令人怵然愕然，慨然叹然。《寻根》让笔者感及任重道远，我辈在"寻根"的道路上，务必坚定信念、清心明目，探求科学、合理之法，坚持不懈地为实现传承优秀传统文化之梦想而竭力奋进。

【关键词】《寻根》 傩戏 传承保护 传统文化

近年来，民间戏曲如沐春风，一派繁荣气象。政府搭台，专家指导，基层院团会演的模式颇受好评。一批又一批坚持思想精深、艺术精湛、制作精良相统一的创新剧目呈现在民众眼前。在坚持百花齐放、百家争鸣，坚持创造性转化、创新性发展的指导思想下，创作团队对民族民间特色浓郁的，别具民俗风味的仪式戏剧关注度也日渐增高。

作为最古老的民间戏剧，仪式戏剧的艺术元素被大量运用：一些祭祀仪式情节被植入戏剧之中；傩戏面具被引入人物造型；端公形象出现在剧目之中……诸如此种借鉴之法对仪式戏剧来说有一定的推广意义，但仅能使观众感受到其古朴神秘，却难知全貌，终究是无根之花。但有一剧名为《寻根》，却是紧紧围绕着傩戏本身而作，令笔者深有感触。这种感触有对剧中人性光辉的感动，有对仪式戏剧现状的担忧，也有对传统戏剧发展方向的疑虑。虽说《寻根》最近一次上演已有数年，若仅为解读该剧而评之，似乎为时过晚。但就其引发的思考而言，笔者以为时至今日，亦正当时。

《寻根》由青年剧作家周锦乐所创，剧中的主角是一个孤儿，名叫"根儿"。根儿自幼跟随师父学习傩戏，演绎傩戏。随着时代的进步和文化的交流，根儿想要带着自己热爱的傩戏走出大山，进入城市。遵循祖制的师父自是不允，于是根儿偷偷带走了最喜爱的“开山”[①]面具，只身出走。在繁华新奇的城市中，根儿不仅没能让傩戏有立足之地，竟然连“开山”面具都不小心遗失。在现代化都市的缤纷生活之中，他结识了身份复杂的朋友阿强，经历了对徐姐真假难辨的心动，最终因金钱之利和美色之诱而迷失了自我。当根儿最终既未能寻回“开山”，又失手杀死阿强之后，万念俱灰地回到师父面前。此时的师父已在弥留之际，他用最后的力气告诉根儿，驱邪的傩神并不是面具，而是人的向善劝善之心，只有战胜自己内心的邪念，守住本真的根才能真正演绎傩戏。根儿深感悔疚，思绪再次回到曾经令自己执迷的傩戏情境之中……

此剧至此戛然而止，全剧终，令人不得不猜测根儿此后的命运如何？是投案自首？是公安破门而入？还是就此藏匿躲避法律的制裁？又或许阿强未死，还和根儿一起发扬傩戏？各种猜测其实正是各个观者的内心外化，这也恰好是剧中屡次诱导根儿的“神秘人”从舞台走入观者内心的体现，与“余音绕梁”有异曲同工之妙。

当然，该剧对德江傩戏的把握尚有不准确、不全面之处，但考虑到其是以德江傩戏之元素，演绎傩戏人之心声和时代现状的艺术呈现，并非傩戏剧种之舞台演绎，便不能以学术性过强的眼光审视了。笔者虽是仪式戏剧研究者，亦是万千观众之一员，仅以观众之眼观之，以学人之心延续思考而已。

《寻根》中“寻”与“根”的思考

此剧名为《寻根》，实则在剧情中诠释了“寻”“根”二字的多重内涵。

“寻”，有三寻：一是根儿寻找遗失的“开山”面具；二是他追寻让傩戏进入城市的梦想；三是蕴含着探寻传统文化传承发展方向的尝试。

在中国南方，江西、湖南、湖北、重庆、四川、贵州、云南等地都流传有傩戏这种传统戏剧，《寻根》剧中的傩戏所指是贵州德江傩堂戏。据说其渊源于商周时期的方相氏驱傩活动。《周礼》云：“方相氏掌蒙熊皮，黄金四目，玄衣朱裳，执戈扬盾，帅百隶而时难（傩），以索室驱疫。”汉代以后，驱傩逐渐发展成为具有浓厚娱人色彩和戏乐成分的礼仪祀典。大约在宋代前后，傩仪由于受到民间歌舞、戏剧的影响，开始衍变为旨在酬神还愿的傩堂戏。[②]德江县紧邻重庆市彭水苗族土家族自治县、酉阳土家族苗族自治县、秀山土家族苗族自治县，其傩堂戏遗存与彭水傩戏、酉阳阳戏、秀山阳戏都有密切联系，特别是与彭水傩戏、酉阳阳戏极为近似，都是以师徒模式口传心授进行传承；以驱凶纳吉满足人们祥和安泰的生存愿望为运演主旨；以请神、酬神、祈神、送神为基本框架；以巫觋为主体演绎神明事迹。傩戏面具对傩戏坛班成员而言，是傩神的化身。这些面具为整木雕刻后彩绘而成，制作精美，造型生动。过去通常由专业的装颜师[③]制作面具，由坛班掌坛师[④]负责保

① 开山：又叫开山猛将、开山莽将，是傩堂戏中最凶猛的驱邪镇妖神明之一。

② 李华林. 德江傩堂戏. 贵阳：贵州民族出版社，1993:2.

③ 装颜师：傩戏坛班中专事道具制作的艺人。

④ 掌坛师：傩戏坛班的领导者，负责傩戏运演的统筹、分工、现场指导等诸多事宜，是傩戏坛班的核心人物。

管，平日未使用之时要放在特定地点，并定期祭祀；运演傩戏之时，也不可擅自使用，必须由掌坛师指定法师佩戴相应神明面具①，而未被佩戴的面具还要放在特定的祭台神案进行供奉，且案前香灯日夜不断。坛班艺人普遍认为“面具就是神”，当人戴上面具之后也就化身为神了。正因如此，剧中的“开山”面具才会深受根儿重视，遗失面具之后甚至不敢回乡，不惜一切，务必要寻回。

剧中根儿偷偷带着“开山”面具入城，寻求傩戏迈出大山，走进城市的途径。对此，师父的观点是坚决反对，这又是为何呢？这是因为，傩戏是具有功利性的仪式戏剧。其运演的因由和主旨是为主家驱凶纳吉，而并非供人观赏。且运演傩戏必须要事先推算吉日，运演时也要严格按照掌坛师事先规定的仪程进行，每坛次的运演顺序一般不可调整，更不能随意增减。如若要将傩戏引入城市，那必然与世代相传的祖制处处相左，因此师父的态度十分坚决，即便是徒弟尽数离散，也不肯动摇。根儿兴起了带傩戏入城的念头，不顾师父的反对，以自己的方式付诸行动，这便是他追寻梦想的一次大胆尝试。

根儿的这种尝试，实则是傩戏从业者对这种传统文化传承发展方向的探寻。剧中根儿以一己之力并未获得成功，但现实生活中，其却并非不能实现。近年来，这种探寻一直在持续，并取得了一定成绩。2015年10月，新编酉阳面具阳戏《平叛招亲》在第四届中国少数民族戏剧会演中亮相，取得了超越预计的成绩，斩获了包括个人表演奖、戏剧改编奖、组织团体奖等多个奖项。《平叛招亲》经历了从“广场戏剧”到“舞台戏剧”的转化，成为民间仪式戏剧成功舞台化的典型案例。酉阳面具阳戏也因此成功地走出了大山，走向了全国。这样的成功其实得来不易。改编过程中，专家团队和阳戏艺人反复在“坚守”与“突破”之间寻求出路，尽量使其既保有原生态艺术特色，又能达到舞台演出要求。可以说，正是因为酉阳阳戏坛班也有根儿这样具有将传统文化引入新时代的信念并为之勇于尝试的人，才能使《平叛招亲》顺利登上北京的舞台。根儿的探寻虽然失败了，但并非毫无意义，剧中的根儿也并未因失败而放弃傩戏。这也正是傩戏从业者不断探寻、反复尝试的精神信念之体现。

“根”，亦指三根。一是主角根儿；二是傩戏深扎于生存土壤的根；三是人性的本真善良之根。

剧中的主角根儿是自幼无父无母的孤儿，由于他热爱傩戏，又颇有一些灵气和天分，被师父收为徒弟。师父一边教他学傩戏，一边抚养他成人。根儿与师父之间，既是有共同信仰的师徒，又是关系亲密的家人。因此根儿的离家出走，与师父的其他弟子离开有本质的区别。根儿离开的初衷，是为了带傩戏走出去，而不是为了个人利益而远离傩戏。但他出门在外之后，状况频发，竟然在城市喧嚣中迷失了自我。因此，寻根首先是找回自我，找回曾经的“根儿”。

根儿自从在城市遗失了“开山”面具起，就一步一步远离了自己的初衷。这既有城市中现代文化感染力强等诸多因素，也与传统傩戏根植于民间，难以直接移植到城市有关。在当代社会中，傩戏的生存空间越来越狭小，其与当代民众审美之间的差距越来越大是不争的事实。从其遗存情况来看，几乎越是封闭保守的山区，越是保留完整。对傩戏来说，生存土壤在哪里，根就在哪里。

① 傩戏坛班通常认为只有通过颁职仪式后，被祖师和神明认定为法师的艺人才能佩戴象征神明的面具，否则将受到惩罚，轻者伤身，重者丧命。

要将傩戏进行移植，就要先为它寻到可以扎根的土壤，否则它将无法获取生存的养分，无以为继。这种理念也正与文化和旅游部所提出的“非遗走进现代生活”的主张一致。认识到扎根生存土壤的重要意义，才能为傩戏寻到正确的出路。

至于人性的本真善良之根，剧中体现得十分丰富。几乎每一个角色，都至少在一刹那间闪现出了人性的光辉。主角根儿经历了从迷失再回到本真的心路历程自无须多说，师父坚守本心，不为重重逆境而动也清楚明晰。而阿强本是根儿的师兄，自离开师父后逐渐变成利欲熏心、坑蒙拐骗的赌徒，还引根儿走上歧途。但在他被根儿失手伤害，奄奄一息之时，也曾善意言道：“根儿，面具丢了不要紧，别把自己给丢了，回去代我给师父磕个头。”此时的阿强，对自己的失足悔恨不已，对当初背离师父满心愧疚。他用最后的忠告，劝诫师弟，也期望师弟能代他向师父道歉悔过。这便是阿强内心本真的彻底回归。同样，在徐姐这个角色身上，也有善意光芒的瞬间。徐姐作为夜总会女老板，身在商场，惯于尔虞我诈、唯利是图。为了留住根儿，她深知根儿对自己有好感，便特意示以暧昧的言行，虽答应根儿帮他寻找面具，却又将面具据为己有，不肯归还。但当她真切感受到根儿的善意时，也曾真诚地说过：“你也要记住，千万不要轻易相信人。”人皆有善，只是一些人的善被追逐功名利禄的贪婪所蒙蔽，一时不知所终，只有自己沉静下来，回望初心，才能找到真正的自我，找到自己的根。

直击傩戏保护传承的焦点问题

《寻根》一剧中，最主要的矛盾就是根儿与师父对待傩戏的不同观点。简单来说，就是傩戏该不该走出去。这个问题实际上正是傩戏保护传承的焦点问题，是当代傩戏从业者和文化保护工作者都一直在思考的重要问题。在傩戏传承和保护方式的探索上，是固守传统还是历变求生？是破茧而出还是断尾脱困？固守传统就无法破解傩戏生存空间日益狭窄的局面，蜕变求生又有可能破坏傩戏原有的艺术生态。“坚守”还是“突破”，这个问题反复地滋扰着尝试多向发展傩戏的人们。

对于傩戏这种具有精神信仰内涵的传统文化来说，保护和传承并非易事。其本身既包含有社会正能量，又不可避免地拥有一些文化负因子；既涉及艺术形态，又深受生态环境影响；既要关注文化要素的保存，又不可忽视文化生命力的维系。这些关键问题并无范例可寻，都只能在反复尝试和摸索中缓慢前行，挫折和磨砺是为常事，错漏和失误难以避免。正如剧中的根儿，自从他下定决心带着“开山”离开家乡那一刻起，就背负着沉重的压力。那种内心的不安和纠结，有对违背祖制的不安，有对未来的不确定，甚至形成了种种梦魇，让他无法逃离。笔者数年来进行仪式戏剧研究，越是深入越是心思沉重。如何科学有序地保护和传承这种濒临消亡的传统神秘文化，或许很长一段时间都难以寻到满意的答案。而在摸索的过程中，又有多少宝贵的文化元素正在流失。每思虑至此，不免痛心疾首，似与剧中的根儿无异。

《寻根》正是深深击中了我辈文化工作者的纠结痛点，让我们不得不再次直面残酷的现实，并且鞭策着我们加快探寻保护传统戏剧固有生命力并适应新时代要求的科学有序之方法。

传统戏剧在新时代发展的面面观

《寻根》中的人物立体丰富，值得剖析。他们的一言一行，呈现出了不同人群对传统戏剧在新时代发展的不同观点。这其中包括坚守者的一成不变；放弃者的惭愧内疚；激进者的冲动盲目；渔利者的虚伪扭曲。

坚守者，以师父为代表。他坚信演绎傩戏是为了祈请神明降临人间，为人消灾解难的，不是拿来供人调笑所用的，即便后继无人，就此尘封也不可打破世代沿袭的规制。对于一个一个离他而去的徒弟，他虽然痛心，但仍然以初心对待。无论是阿强还是根儿，他都是真情流露，关怀备至，期望他们好好生活，不忘初心。坚守者总是一成不变，希望以不变应万变，他们认为将传统文化保存和保留是目前仅能做到的事情，至于未来发展，则无力思考。

放弃者，以阿强为代表。他追求物质生活的享乐，又有些好高骛远，妄图以小博大。为了实现自己的目标，他可以不择手段，几乎无视道德的底线。但自他得知根儿的身份后，那突然间言语的慌乱，眼神的闪躲，甚至不敢承认自己是师兄的胆怯，都暴露了其内心深处的失落和难以掩饰的懊悔。当他不得不将“开山”面具交给徐姐时，还期盼着徐姐能将它还给根儿，似乎这个他自己也知道是奢望的要求能消除一点歉疚。在生命垂危之时，他最后的愿望竟是让根儿代他给师父磕个头。他既是想向师父请安，又是想向师父忏悔，既为感念师父的教诲，也为自己一次又一次的错误选择而道歉。放弃者，是在面临困境之时明哲保身之人，当传统文化遭遇挫折之时，他们毫不作为任由其消亡，再以各种理由自我说服，掩饰内心的遗憾。但这种遗憾往往会随着时间的累积越来越深刻，证明了已然放弃却又无法真正抽离自身才是真正的痛苦。

激进者，以根儿为代表。他认为不论傩戏原本是什么，它流传至今已经发生了变化。现在的傩戏就是一种源自民间的艺术。它是根植传统的文化艺术项目，值得推广开去，值得让更多人认知。根儿对傩戏的爱是发自内心的，对师父的敬重亦是不掺杂念的。但他简单地以为只要将傩戏的艺术形式进行更大区域的呈现就能让它备受关注。他对傩戏的传承发展以及当代社会的复杂性都认知有限，因此总是事与愿违，难以如愿。直到闯下大祸，师父死后，根儿才真正明白傩的真谛，明白人心的力量。根儿的悲剧是单纯、盲目而又冲动的悲剧，是在当今浮躁社会中时时可见的，是本无恶意之人却又导致惨痛结局的现象缩影。激进者最初是抱有美好愿望的革新者，但当他们一旦迷失，往往危害程度极大。正如根儿始终善良单纯，却最终失手杀人。对于这样的激进者，人们甚至很难对他进行指责，无法深恶痛绝，却又忍不住捶胸顿足。激进者往往思维固化，不易动摇，只有经历了重大挫折和失败之后，才能幡然醒悟。在传统文化面前，激进者总是想迅速将其推广并取得效益，却不知拔苗助长恰是在加速其毁灭。越是意志坚定，力量强大的激进者，越是可能在大力破坏优秀的传统文化遗存。

渔利者，以徐姐为代表。她是现实社会中物欲横流的象征，是芸芸众生所追求的金钱、美色的化身。而与这些欲望所共存的是虚伪的友善和扭曲的思想观念。当根儿落入徐姐所织的温香软玉之网时，本真之心也渐渐被蒙蔽，以至于不顾师父，在“网”中流连忘返。渔利者总是一点一点磨灭人们的意志，引导他们一步一步远离初心，走向毁灭。传统文化能传承至今，定有其突出价值。但总有别有用心之人，一味关注其经济效益，诱导从业者们盲目开发其市场价值，甚至不惜弄虚作假，歪曲本真。渔利者以物质社会的名利为饵，以满足个人利益为目的，不惜将优秀传统文化推至毁灭之境地。其用心之险恶，危害之巨大，务必严防。

《寻根》，让笔者看到了传统戏剧在当代社会发展过程中的危机四伏，举步维艰，同时也让笔者深有感触。我辈文化研究者应进一步坚定信念，直面肩负的历史重担。因为尊重、保护祖先创造的文化遗产，就是坚守民族的精神血脉和民族文化的根,守住了根脉才能挺直脊梁迎风霜。在坚定文化自信的新时代，我们又何尝不是在“寻根”的路上砥砺前行?

三峡地区巫文化浅探

田成才
(重庆市奉节县旅游局,重庆市奉节县,404600)

《云麓漫钞》卷十二:“号端公,诳取施利,每及万缗”,清唐甄《潜书·抑尊》:“蜀人之事神也,必冯巫,谓巫为端公”。端公在巫山、巫溪、奉节、巴东、宜昌和恩施等地家喻户晓,在渝、鄂、湘、陕这片区域广为流传。曾经在瞿塘峡、大溪一带有民谣传说巫文化“始于夔,成于巫,兴于夷”的传播过程。《山海经》、《诗经》和《楚辞》载有巫文化是巴文化和楚文化的核心内容。著名方术士郭璞《巫咸山赋》载“盖巫咸者,实以鸿术,为帝尧医。生为上公,死为贵神,岂封斯山而因以名之乎”,记载了自远古时期建立巫咸国起,就形成了三峡地区的巫文化,觋(端公)成为主流传承人。

一、巫及巫文化

“巫”是对从业人的总称,它的产生学术上争论于“原始狩猎时代”和“原始农耕时代”两者之间。它是古代以“唱”招神,以“舞”驱鬼,以“咒”降妖,以“医”救命,以“药”治病,以“符”避邪,以“诀”施法的人;是远古时期人们认识自然,体恤生活的行者;是自然科学、社会科学发展中的创造人和传承人。东汉许慎《说文解字》载:“巫,祝也。女能事无形,以舞降神者也。象人两褎(按:袖)舞形。与工同意。古者巫咸初作巫。凡巫之属皆从巫”。《国语》有“在男,曰觋;在女,曰巫”之载。《楚辞·九歌》诸篇和《楚辞章句》皆有注表明“灵”即巫也,《说文解字》亦解“灵”字为巫,所以“灵”和“巫”二字在古代是一个意思。“灵”的繁体字为“靈”,下半部就是“巫”字。因此“灵山”即巫山。《新华字典》“巫”的解释为“专以祈祷求神骗取财物的人”;甲骨文时代的巫,是男巫女巫的通称,后世女巫才称为巫,男巫叫觋,觋惯称为“端公”,巫习呼为“神婆”。

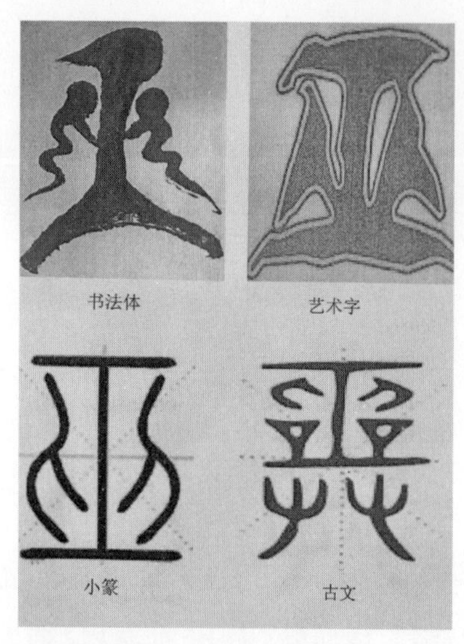

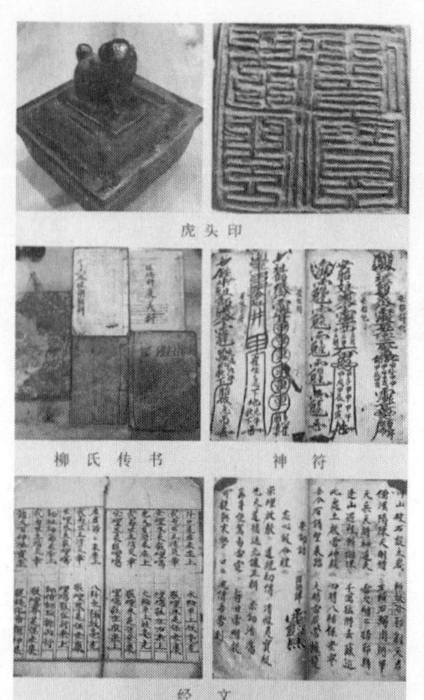

巫文化产生于三皇五帝时代，它是一种充满神秘感，拥有原始气息的人类文明；是远古时期人类在繁衍生息，推进社会发展、创造的过程中的一种适应自然，通过演变、渗透，改造自然，影响人们生活的远古文化；是人们对万物有灵的崇拜和万事有救的应对的文化通称。端公作为巫师被视为尧之神巫使者之一。其传播的巫文化丰富了宗教哲学、文学艺术和科学技术，推动了民间艺术的成长和华夏民族文化的发展。

二、巫文化的内容分类

《周礼》记载："九筮之名，一曰巫更，二曰巫咸，三曰巫式，四曰巫目，五曰巫易，六曰巫比，七曰巫祠，八曰巫参，九曰巫环，以辨吉凶。"这是综合的与巫有关的体系，而一系列相关的行者主要是端公，总体分为巫术、巫仪和巫道，辅以歌舞和文理等。

巫术包括法术和妖术。法术，有上刀山、下火海、捞油锅等魔术；妖术，有用毒、蛊和骗等邪术。巫术按性质分为"黑巫术"与"白巫术"；按目的分为"救生巫术"、"伤人巫术"与"招魂巫术"、"祷雨巫术"；按意识分为"祈子巫术"、"农耕巫术"与"接触巫术"、"厌胜巫术"等。

巫仪是巫文化中的巫师通过仪式进行施咒或祈祷，主要包括设坛、请神、送神、撤坛。目的是达到与神沟通并保佑愚民病痛消除、家庭兴盛、五谷丰登的愿望实现；流程是巫师设坛和请神，诵文念咒、烧香点烛、响锣吹角、手舞脚蹈，诡秘施法；仪式一般在有请之家厅堂(堂屋)举行。巫仪为巫文化的重要组成部分，在三峡地区广为流行。

巫道是保持原始宗教本色，传承了巫觋之术，并融入道家学说的宗教。巫道的巫术在形态上与方术是一脉相通的，比如做斋、开路等。

巫舞是巫觋祭祀活动中的舞蹈。著名的文史学家郭沫若先生在研究考证甲骨文中，认为"巫"和"舞"是一体的。巫觋掺和卜筮、巫词、咒语以及歌舞等手段制造神秘、灵验等气氛。《书经·伊训》中也有"敢有恒舞于宫，酣歌于室，时谓巫风"的记叙。这一切都表明巫常常通过跳舞或歌唱来达到"人神交通"的目的。巫舞在三峡地区主要有两种表现形式：一种是驱鬼妖，一种是请神灵。驱鬼妖的舞，保留着原始狩猎的武风形式；请神灵的舞，焕发着朝新的文礼形式。《楚辞·九歌》所展现的就是由巫觋通过歌、舞、乐三位一体迎神、娱神、送神的艺术。近代国学大师王国维认为由巫觋表演的《九歌》已是后世戏曲的萌芽。

文理主要是巫书、字、幅，诗、词、歌、赋，传说、神话和祭、祀、医、卜、算等等。以“端公”为主体的巫行者诠释了传统的文、道、哲、理等，实现了天文、地理，人文、数理、医卜、星相、五行八卦和祭礼娱乐的融汇，在阴阳学说、庄老思想、《九歌》和《诗经》中可窥一斑。

三、“端公”在三峡地区传承巫文化探究

《山海经·大荒西经》中写道：“有灵山，巫咸、巫即、巫朌、巫彭、巫姑、巫真、巫礼、巫抵、巫谢、巫罗十巫，从此升降，百药爰在。”其中的灵山有巫山之解，核心区域覆盖宜昌以西，重庆以东，包括整个重庆和宜昌市、恩施土家族苗族自治州，约20万平方公里的范围。以巫咸为首的“灵山十巫”在峡江地带创造了以“占星术、占卦术”和“盐文化、药文化”为主要内容的地域文化，辅以古风浓郁的峡江民歌、丛林山歌等文化事象。在古老的三峡地区人们多认为“端公”是能通天镇地的吃鬼神饭的文化人，主要司理宗教（巫教、巫术、祭会、避邪、崇拜）、风俗（巫风、巫俗）、艺术（巫歌、舞、戏、画）、为文（诗、词、赋、传说）和秘方（医药、卜相）等，以“唱”“舞”“咒”“卦”“药”“符”“诀”等行走于江湖。

在以长江三峡为核心的这片区域内，端公、道师的门派很多，端公作法常见的是四印分四类共请一尊神。师徒有派无辈，历代弟子均以“法”字为通派。各法事场次有繁有简，一般两人以上，分迎神、敬神、安神和送神四个部分来驱鬼避邪、祈祥纳福。道师师徒有辈有派，分代论谱，主要是以做斋开路祭奠亡者，为死人超度。法事多的有16场，人员一般为4－8人，主要分为“顶神”和“站案”两类，“顶神”就是掌坛师，“站案”配合“顶神”完成法事。端公各代的传承是有严格的要求的。收徒有上香敬祖师爷、磕头拜师、徒书字等仪式。出师分阴传和阳传：阴传即为徒弟立坛、拨兵交将、安祖师爷位、赐法号受封等；阳传除按阴传仪式外，还要举办二十一道法事。

渝鄂边界的七曜山山脉和巫山山脉连接带上，曾经有一个长期活动在巫山、巫溪、奉节、利川和恩施等地的端公，姓柳，法名柳法先，是第六代传人，自八岁从艺至今五十余年。柳氏法师在当地是比较有名的端公和道师，一说祖上是一个奇人，化为乞丐落于一解姓人家，与其中一子解清元（法名解法廷）逢缘，并收徒传艺。据说乞丐的饭量惊人，一顿要吃三大钵（当地方言，指“碗”），传艺三年后腾云驾雾而去。后因柳、解为至亲，解法廷将乞丐所授之艺传给柳氏，流传至今。另说柳家大院正对面的岩壁上有一约二十平方米的带纹路的白印，当地称印花岩，传说是柳氏祖先迁祖坟开墓时飞出的一对白鹤变的道法之印，所以柳氏多出端公和道师，且法术灵验。在柳法师所住的村，包括做斋开路的在内就有十三个坛口从事巫文化传播。

柳端公作为巫文化的使者，主要传承的法事有“打保护”（共九个法事：开坛、请师、敕佛命将、参灶、退病、招魂、造筛盘、清册、送神）、“还解结”（共两大类：一是解冤孽，共三十六解；二是度关煞解结）、“巫医治病”（穴位按摩推拿法、针灸诊疗法等）、“巫药救命”（秘制中草药和丹药）等。

令牌　神角　案子　司刀
神卦　法剑　柳法先法师　指诀

法事多以舞蹈与祭祀表达，兼有说唱和乐器伴奏，舞的表演法器包括服饰、道具、布景共30多种。柳法师只在“打保护”和“还解结”时施巫舞，主要招式有“打火棍”、“祭五方神”和“踩八卦”等，一般以响器伴舞，口唱有词，如“铜草鞋，铁草鞋，刀上去得刀上来。青菜钢，豆腐钢，一切安在刀口上”等等。

巫医是一个具有双重身份的人，既能交通鬼神，又兼医制药，比一般巫师更专于医药之学。柳氏法师在“医”和“药”上救死扶伤，藏有独门绝技和祖传秘方。“巫医治病”是柳氏法师行走江湖，传承巫文化的重要内容。《太平御览》载：“巫咸，尧臣也，以鸿术为帝尧之医。”端公被视为神医，承担巫医始祖的使命，传承了三峡巫文化，彰显了巫咸在古巫的名望。巫医治病救人的巫术神药曾广为流传。《吕氏春秋·先识览·知接》载齐桓公之语：“常之巫审于死生，能去苛病”，巫医在战国以前，操于巫觋之手。“巫”就是“医”，有“医”字从“巫”而作“毉”者，故以“巫医”来指称这群掌握了一些朴素医药知识的人。治疗时，其常辅以歌舞，祈福消灾。“巫药救命”是柳氏法师用祖传秘方治病于民，并辅以针灸和穴位按摩等，行善一方。祖辈有效地将巫术与“神农始究息脉，辨药性，制针灸，作医方”的内容和理念相结合，形成了以医术、医药、巫术于一体的传承模式，是三峡地区巫文化传播的典型之一。

土家啰儿调的三代传人

卢延辉

说起石柱土家族的啰儿调,很多人觉得陌生。要不是国务院公布的全国首批非物质文化遗产名录把啰儿调列入,还以为它不过就是一种很普通的乡村小调罢了,没什么稀罕的。

是的,啰儿调就是一种乡村小调,石柱的很多乡民,包括孩子们张口就会唱。只因这种歌调每句结尾都会加上"啰儿"的咏叹,便得了"啰儿调"这个特别的名称。

奥妙,其实就在这里了。恰恰是这个"啰儿",把土家族的这种民歌样式唱到了全国以至世界的民歌舞台,唱得世人皆知。比如很早就闻名遐迩的四川民歌《太阳出来喜洋洋》,原生地就在重庆石柱,是土家族乡民最先唱出来,后经音乐家蓝河先生整理推向全国的(另有更早时间由金鼓创作的说法),其调式也是土家族啰儿调:

> 太阳出来(啰儿);喜洋洋(欧郎啰)。
> 挑起扁担(郎郎扯,光扯);上山岗(欧啰啰)。
> ……

这首《太阳出来喜洋洋》有一段颇为传奇的故事:1950年,时任解放军二野十二军文工团音乐教员的蓝河,碰到一位石柱籍战士,知道他喜欢唱歌,就让他唱家乡民歌。这位战士与蓝河本来就认识,1946年,蓝河在石柱县中学当音乐教师,就听过他唱歌。战士扯开嗓子唱了一首歌:"清早起来(啰儿);走山梁(欧郎啰)。一根田坎(郎郎扯,光扯);放锄头哦二嫂哟。"蓝河把战士唱的词曲记下来,把第四句的尾音作了修改并以"欧啰啰"代替"哦二嫂哟"作为歌曲的结束。十二军文工团副团长蔡绍序是位歌唱家,听到后十分喜欢,又请北碚中学老师金鼓重新填了词,在西南军政委员会大礼堂第一次唱出来。《太阳出来喜洋洋》之后在中央人民广播电台播放,从此唱响全国,传遍世界,成为20世纪中国民歌经典之一。

类似那位战士唱的土家族啰儿调,原本有很多种唱法,歌词和旋律都十分丰富。但很长一段时间其民族特色没有被认真总结,作为传承人的歌手群体一度也陷入了沉寂。直到新世纪伊始,全国开展非物质文化遗产普查,啰儿调作为土家族的特有民间音乐种类被发掘出来,重新焕发出光彩。2006年，国务院将石柱“土家族啰儿调”公布为第一批国家级非遗项目。两位一生热爱啰儿调的土家族乡民也进入了人们的视野，受到广泛关注。

今年70多岁的黄代书，原是石柱县马武镇的一位乡村教师，从小就跟着父母学唱啰儿调。5岁时放牛，与隔山的孩子对唱骂人歌：“你个娃儿像头驴，背上驮起四两谷，喊你上坡莫偷懒，多一两就压（当地音同“扎”）得哭。”

黄代书长大后当了公社社员，在田间地头，又跟大嫂们（当地指女长辈或平辈女性）对唱：

对门大嫂舍，身穿花啰喂，倒在铺上嘛啰儿啰，像羊叉啰喂，有人倒在舍，羊叉上啰喂，黏如蜂糖嘛啰儿啰，蘸糍粑啰喂。

对门大嫂舍，你莫想挨啰喂，快把山歌嘛啰儿啰，唱起来啰喂。对门大嫂舍，你肥又肥啰喂，借你砂钵嘛啰儿啰，擂一擂啰喂。

（歌词为作者整理收集，个别字为记音，后同。）

这样的啰儿调按现在的说法，具有某种情色风格，原本是日常生活中唱得最多的民歌。人们在田间地头劳动累了，男女互相调笑取乐、打情骂俏，无伤大雅，唱过笑过就完了。年轻时代的黄代书在劳动中是一把好手，啰儿调也唱得好，肚子里装了不下两百首民歌。后来当了代课老师，黄代书也没丢了唱歌，还即兴创作，见着什么唱什么，都跟生活有关，如《放牛歌》《交通安全歌》《改革开放优惠多》，不仅在乡里唱，也到县城和市里唱。

成为国家级非遗代表性传承人后，黄代书又有了新的使命，把啰儿调传授给下一代。如今黄代书已过古稀之年，还经常去马武小学教孩子们唱啰儿调。学校为老人安排了专门的课时，每学期要上40节课。孩子们也喜欢，争着上台表演。女孩子特别喜欢“打道钱”，黄代书又帮助学生们做道具，在一截竹子两头挖出孔洞，穿上铜铃当响器，打起来节奏鲜明，铿锵有力。

土家族啰儿调的另一位国家级代表性传承人刘永斌，则以另一种方式做了传承。刘永斌住家的枫木乡是石柱较边远的一个乡，靠近湖北利川，啰儿调传承的民间基础深厚。今年80岁左右的刘永斌，当了一辈子农民，也唱了一辈子民歌。他从小跟着父母唱，6岁就登台演出，由哥哥背着参加乡民的红白喜事。12岁参加乡物资交流大会，玩彩龙船，唱啰儿调，还唱新式民歌：

说拜年就拜年，花红对子贴门前。年拜完了搞生产，抗美援朝齐争先。

随着时代变迁，啰儿调曾成为“黄歌”被禁，刘永斌也没放弃爱好，一边务农，一边唱山歌。歌词内容革命化了，而调式风格仍是土家啰儿调。他还学会了拉二胡，劳动之余，自得其乐。这个爱好几十年一直没丢，刘永斌的自拉自唱成为乡村一道风景，远近闻名。

新世纪之初，县文化馆找到刘永斌寻求帮助，做非遗普查。他一口气唱了几十首啰儿调，还做了录音录像，其中就有《太阳出来喜洋洋》。以刘永斌和黄代书所唱民歌为素材做成的申报书送到北京，立即就打动了全国民歌专家。石柱土家族啰儿调由国务院公布为首批国家级非遗项目，刘永斌和黄代书先后被评定为代表性传承人。武陵山深藏着的重庆民歌宝贝逐渐走上了全国的文化市场。

最先认识到啰儿调市场价值的，是一家经营土家风味美食的商家——“武陵山珍”。从石柱走出来的“武陵山珍”创办人毕麦，也是听着啰儿调长大的。他把刘永斌请到自己在重庆主城开设的餐饮店，为客人演唱啰儿调，而《太阳出来喜洋洋》也成为每次演唱的压轴曲。高亢、婉转的山乡民歌把人们带进了纯朴美丽的大自然，与餐桌上的蘑菇、野菜相映成趣。

在一次全市性的民间艺术展演中，啰儿调与川江号子同台献艺，拉歌式的竞技把舞台气氛推向高潮。人们在惊讶之余醒悟过来，原来重庆的民间音乐瑰宝，正跟这里的奇山异水一样，既有阳刚之气，也有阴柔之美。重庆两大民歌流派都成为中国民歌经典，自有其深厚的根源和土壤，山之魂与水之魄尽在其中。

刘永斌在餐厅打了一段音乐工（靠演唱打工的人），发现城里人似乎只喜欢听歌，不喜欢唱歌，竟没有一个年轻人向他提出过学唱啰儿调。他感到了一种难耐的孤独和寂寞，担心啰儿调会因为自己封闭在城里而失传。三年之后，他离开城市回到枫木乡老家，用打工挣的钱作资金，成立了一个民族音乐艺术团。刘永斌自任团长和艺术总监。演职员不用招聘也不用培训，两子两女从小就跟着他唱啰儿调，有很好的基础。媳妇和女婿也受到熏陶，喜欢民间音乐且不怕吃苦。

2012年，刘家班民族音乐艺术团办理了工商登记，以有偿服务方式承接各种庆典演出，成功登上县内外文化舞台。一家人农忙时下地耕种，农闲时上台唱歌，竟比打工、务农收入更多，生活也丰富多彩起来。

四乡八镇的村民也喜欢听刘家班唱歌演节目，逢到红白喜事，不请城里的专业院团，而请刘家班来演出助兴，寄托思念。从土屋庭院到田间地坝，都可以看到刘家班艺术团的身影。他们演唱的《彩龙船》《喊彩》《抬工号子》都是乡亲们熟悉的旋律。当压轴曲目《太阳出来喜洋洋》音乐响起，老歌手刘永斌常常亲自指挥全场人齐声歌唱，不分演员与观众。几年下来，枫木乡刘家班民族音乐艺术团一直坚持演出，把舞台延伸到乡村的每一个角落，走出了非遗传承的新路子。

与刘永斌家庭传承走向文化市场异曲同工，黄代书也在向小学生传授啰儿调知识的同时，着力培养自己的家人成为非遗传承人。黄代书的三个女儿从小会唱啰儿调，出嫁后也没忘了传唱。儿子黄明斌是县烟草公司的技术员，前些年县里搞民歌大赛，他代表公司上台演唱，以一首从小学得的啰儿调夺得一等奖。黄代书的两个孙子也是演唱啰儿调的高手，不仅会唱啰儿调，还会“打道钱”。

“我的基本想法是，传承啰儿调，首先从家庭和学校做起，宗旨是一句话：随时收集整理，世世代代传下去。”黄代书如此说。

2000多年前，孔子有鉴于周礼在各国王室和贵族大家的缺失，提出“礼失求诸野”，要求保护遗留在民间的传统文化。今天，重庆土家族群众，正以自己的方式回应着古代圣人的呼吁。质朴、高亢、豪放与苍凉兼具的啰儿调民歌，犹如武陵山那浸润着历史烟尘的山风，让人陶醉，沉思。

丹青难写是精神
——寻迹著名舞蹈家钱造雄先生的艺术记忆

陈朝正
（重庆市艺术创作中心，重庆市渝中区，400013）

有一位舞者，他一生从事舞台艺术创作、排演和研究，创作的小舞剧《放裴》获得过国际大奖，进过中南海，为毛主席等党和国家领导人演出。

有一位智者，他曾任重庆市文化局创作室副主任，主管全市舞台艺术创作工作，策划过“重庆雾都艺术节”演出活动，创作有川剧、电视剧剧本，主编过舞台艺术专业报刊，他率领“八大金刚”（创作室8人）为重庆市舞台艺术创作创造了一段历史、一段传奇、一段佳话。

有一位老者，他八十又八，精神矍铄，身材匀称，思路敏捷，谈笑风生，离休已二十多年，每天清早起床直至晚上11点就寝，从不睡午觉；几十年来不变的一身整洁装束，加之举手投足的翩然风度，无不显示出他的精力充沛以及良好素养；一杯清茶，三餐简食，洗刷烹饪，读书作画，摆弄花草，不时闲步小区，晚上看看电视，这样的日子过得倒也充实、随心、惬意。

钱造雄先生照

他，就是钱造雄。

上海小青年

钱造雄1931年出生在南京西路黄家沙的吴江路103号，那时吴江路尚属于上海一个非常繁华的地段。姐妹兄弟九个，五男四女，他是老三，长孙长子，小名全福。祖父是一个裁缝，开设的一家裁缝店在黄家沙一带很有名。父亲毕业于英国人办的上海商业职业学校，在英租界工部局卫生局任药品食品检验师。一家人的生活还算优渥。

上海，一直就不甚安宁。抗战时全家人的数次逃难，胜利后十里洋场的洋人、接收大员以及洪门的作威作福，让年仅十多岁的钱造雄在心里产生了无数的疑问。在高中读一年级时，几个同校高年级同学曾大声疾呼："中国不强大，外国人都来欺负我们，像强盗一样跑到中国来，要什么就抢什么！国家落后是知识落后，要工业救国。中国有工业救国的先驱，设计钱塘江大桥的茅以升，主持修筑京张铁路的詹天佑，对国家都有很大的贡献。"这些演讲对钱造雄震动很大，工业救国撞击着他那稚幼的心灵，他暗下决心，要考上大学，做一个桥梁工程设计师。

随着时局的变化，又有高年级同学到班上公开宣讲，讲国民党政府的腐败，介绍钱造雄加入基督教女青年会学生合唱团(地下党联络学生的外围组织)。合唱团里有很多像他一般大的年轻人，都是些热血青年，他们谈理想，谈抱负，谈救国，谈人生，慷慨激昂，朝气蓬勃，相互激励。基督教会是外国人兴办的，当局也不多管，合唱团的活动相对自由。他们自己创作节目，成立学生宣传队，组织到大学、中学演出，半公开地介绍解放区、宣传共产党。当时，合唱团演唱了不少解放区的革命歌曲，如《黄河大合唱》、《生产大合唱》(即《南泥湾》)、《山那边哟好地方》，排演的节目也都是些鼓舞人心的短节目。在合唱团里，在唱歌跳舞中，张造雄心中那一个个诸如国家、前途、命运的大问题，逐渐得到了正确解答——年轻人要团结起来，像解放区延安的年轻人那样去做，我们的国家才不会被外人欺辱，我们年轻人才有希望，才有未来。

1949年5月27日一声惊雷，上海解放了！

头天晚上除了在闸北方向还传来一些零星的枪炮声之外，钱造雄家所在的城区很安静。第二天早上出门一看，马路上全睡着解放军，一个个抱着枪和衣睡在地上，人们也不知道解放大军是何时进的城。钱造雄高兴极了：我们得解放了！他跑到学校，参加活动，唱歌，跳舞，整天整天地沉浸在解放的喜悦之中。整个上海城，到处都传来"解放区的天是明朗的天""团结就是力量"的欢快嘹亮的歌声。

1948年12月30日，毛主席发出了"将革命进行到底"的伟大号召，目标是解放全中国，这在解放后的上海产生了强烈的反响。上海成立的中国人民解放军南下服务团动员了一批青年到福建、江西。不久，为解放大西南，又组织号召上海青年加入中国人民解放军西南服务团。根据上海市军管会的指示，6月23日《解放日报》刊登启事，公开招考文艺青年。

应届毕业于上海民国中学的钱造雄，数理化在班上一直是前三，他的梦想是当一名桥梁工程师，但是解放全中国，更是这些热血青年的迫切愿望。他决定：响应党的号召，到大西南去！基督教女青年会学生合唱团的男女同学9人，全都报名参加了西南服务团。钱造雄报考的是音乐专业，合唱团9人一起报考，结果全部都被作为"音乐组正式生"录取。解放大西南的热潮让钱造雄放弃了上大学，投身伟大的革命之中。母亲舍不得儿子只身离家，远赴他乡，但明白事理的父亲，却支持儿子出去闯一闯。

西南服务团文艺大队

青年时期的钱造雄

7月19日，17岁的钱造雄来到设在上海大夏大学的中国人民解放军西南服务团报到，他参加的是文艺大队音乐分队。报到后，这一群热血青年开始了紧张、兴奋而又严厉的军旅生活。23日晚，他们在虹口海宁路文化会堂观看了华北二十军文工团演出的歌剧《白毛女》，这是他们这一群上海文艺小青年第一次接触到解放区文艺，当看到喜儿伏在死去的爹爹身上痛哭时，不少人都哭了起来，抽泣声盖过了音乐演奏声。

7月28日一早，文艺大队集合，人人都背着或提着鼓鼓囊囊的行李，从大夏大学出发，乘车前往上海西站。火车于下午六点半出发，直到第二天下午六点多才抵达南京。下车后，列队前往新街口的原国民政府财政部，这是文艺大队第一次集中行军，红旗在前面迎风招展，钱造雄同队员们一样，神情庄重，心情激动，行进在大街上，一路引来了很多行人的注目。

文艺大队奉命到南京集训。在南京的三个月，文艺大队除了每天进行紧张、严格的军训之外，主要是改造思想，学习为人民服务的党的方针政策。

9月下旬，由于解放军迅猛挺进，革命形势良好，上级要求西南服务团加快加紧准备工作，向西南进军。文艺大队随服务团一起，学习打背包，扎绑腿，背着包跑步行军和紧急集合；接受纪律教育和政策教育，学习“三大纪律八项注意”，学习民族政策、城市政策。文艺大队还要搞文艺，唱歌、扭秧歌、朗诵、唱京戏、出墙报、排节目、搞晚会，还组织了一支八十人的合唱团，自编自演了小话剧《同志，别掉队！》、小歌剧《火线爱民》，广受好评；自编自演的金钱板《建设人民的新四川》也很受欢迎。音乐分队学唱了《国际歌》《解放军进行曲》《永远跟着共产党》《行军小唱》等数十首歌曲，创作了《火车小调》，学会了打腰鼓、扭秧歌，排演了《淮海战役组曲》大合唱。

这群上海“阿拉”，也慢慢地习惯了吃面食、喝小米粥，学会了打背包、扎绑腿……清晨，他们一个个精神抖擞，英姿焕发，喊声雷动地在大院出操；晚上，他们一个个聚精会神，或学习，或排练，或演出。南京三个月的集训，为钱造雄他们光荣而又多彩的一生铺就了基石。

1949年10月1日向大西南进发！

头天晚上，整个大院通宵达旦，激动兴奋的、忐忑不安的、手忙脚乱的……都汇集在大院里。第二天上午，激动人心的时刻终于到来：集合的哨音吹响了！进军大西南的号角吹响了！西南服务团出发了！西南服务团冒雨整队出发，二十多个女青年英姿飒爽地走在前面，随后跟着一支浩浩荡荡的队伍，拉开了进军西南的序幕。当队伍将到达南京下关渡口的时候，广播里传来了毛主席在北京天安门城楼上向全世界发出的“中华人民共和国成立了！”的声音。一路上，欢呼声、歌声、口号声、锣鼓声，此起彼伏，不绝于耳。就这样，“中国人民解放军西南服务团”在欢庆中华人民共和国成立的礼炮声中，向着大西南进发了……

队伍乘船、乘车（闷罐火车），途经徐州、郑州、信阳、汉口，9日晨抵达湖南云溪。因前面铁路被破坏，火车不能通行，他们开始了徒步行军，每走五里路休息一下，第一个五里没有一个人掉队，第二个五里就走走停停了，就这样一天行军二十五里，不少人疲乏不堪。走了三天，来到岳阳，渡洞庭湖抵达益阳。从18日起真正的步行军开始了！凌晨三点半起床，摸黑打背包、还稻草、扫地、洗漱、吃早饭，出发！一路上有掉队的、脚上起血泡的、生病的……11月8日，冒雨越过湘西，开始了更艰苦的行军。每天四时半起床，打背包、搞清洁，整理停当，六点出发。那时冬雨连绵，一路泥泞，披肩的油布挡不住雨水，大家的棉衣都湿透了。经桃源，走了16天，抵茶峒（湘、黔、川三省交界地区）。又连续行军9天，终于在冬雨中越过了武陵。从25日起进入四川境内，过秀山、酉阳、黔江、彭水，一路上指挥部不断传来解放军胜利的好消息。越走离重庆越近了！每天的行军都是上面精确计划安排好的，一天要走上七八十里，走下来差不多人人脚上都是血泡，一坐下来休息，就不想再起来了。但一想到自己是军人、是革命者，大家都咬牙坚持。

随着时间的推移，钱造雄他们慢慢地习惯了这样的强行军生活，每天走上几十里也觉得没什么了。有时候走到一个人口集中的地方，文艺大队就会组织宣传，唱歌、说快板、讲评书、演出歌剧，宣传党的政策。一天又一天的行军，再加上一路上的所见所闻，钱造雄他们心里的想法与离开上海时大不一样了。每个人都铆着劲地要求自己、锻炼自己、改造自己，努力让自己更像一个战士。

12月10日，文艺大队抵达武隆，女同志全部坐船到涪陵，男同志走路翻过白马山到涪陵，在涪陵集中乘船，溯江而上，17日顺利抵达重庆。文艺大队令钱造雄带领一个小组，押运装有背包、物资的马车走公路，从武隆经南川、綦江到重庆。钱造雄一行人，押运马车，终于在25日走到了一条大江边上。有人对他们说，这里是海棠溪，河对面就是重庆城。文艺大队中，他们五人是最后走进重庆的。

10月1日从南京出发，历经80多天，7000多里路，这一群上海小青年，凭借着满腔革命热情，走到了重庆！山城伸开双臂，迎接这一群年轻的上海文艺兵的到来，这里将成为他们新的革命阵地。

新一代舞蹈工作者

1949年12月25日，重庆市文艺工作团正式成立。钱造雄他们所在的中国人民解放军西南服务团文艺大队就地转编为重庆市文艺工作团。在文工团，钱造雄他们这一群革命小青年热情高涨。初到重庆，初次接受任务，他们整天就像旋转的陀螺一样，忙得不可开交，而所有的工作又都是围绕党和政府下达的任务去开展的。说是文工团，但那时的他们不是演出而是搞宣传，不是进剧场而是走街串巷，扛彩旗、摆阵势、喊口号，这就是革命工作。一天五六个宣传点，扭秧歌、打腰鼓、演话剧、唱快板……

文工团很快吸收了大量的人员，原本年纪并不大的钱造雄，竟一下子成了团里的老同志、骨干力量。1953年为了革命发展的需要，文工团调动一些同志到大学去学工业建设知识，五个名额由领导内定。一宣布，没有钱造雄。钱造雄参军前的愿望是上大学，成为一名桥梁工程师。演戏于他而言只是业余爱好，如今有了上大学的机会，一定要去。他去找时任教导员的李庆升，李庆升不让他去，说："像你们这些老同志应该在新同志面前做表率，现在工作这么需要你，你应该服从工作需要。"就因为领导的这句话，钱造雄这样二十挂零的"老同志"，思想一下子就通了。大学没上成，工程师没当成，最后成了一个舞蹈家。

为庆祝《中苏友好同盟互助条约》的签订，领导决定搞一台晚会。钱造雄这些从未进过剧场搞过晚会的半专业的文艺小青年，凭着一道命令、一腔热情，竟然也自编自导自演地搞出了一台歌舞晚会，在抗建堂隆重首演。歌舞晚会的节目有歌舞《向西南进军》、表演唱《翻身道情》、合唱《黄河大合唱》等等，还有一个《中苏团结舞》。他们不懂编舞，便让一些人装扮成苏联人，根据音乐插入一些舞蹈动作。第一台晚会、第一次进剧场，演出效果却异常好，这对钱造雄他们起到了极大的鼓舞作用。从此，文工团才算有了一点儿舞台演出的经验。钱造雄他们这一批从上海来重庆并在重庆舞台上表演的文工团的年轻人，成为新中国成立后重庆的第一代舞蹈工作者。

1954年，重庆被降格，不再作为直辖市，很多属于大区一级的文艺团体相继撤离重庆调往北京，而文工团留在了重庆。当时重庆急需歌舞表演人员，特别是"舞蹈"这一门专业艺术表演形式的表演人员。团领导安排了三个在这方面稍有基础的人去承担这样的任务，音乐专业毕业的钱造雄即是其中之一。

首先要组建一支舞蹈队。钱造雄他们把年轻的、具有一定条件的同志选拔出来，集中成为文工团舞蹈队伍的新生力量。组建了舞蹈队，跳舞要有基本功，这就要求训练。练功练什么？怎么练？仅跳过秧歌、打过腰鼓、从未进行过专业培训的钱造雄等人，不懂，也不会。跳舞的重庆没有，唱戏曲的重庆不缺。钱造雄他们于是把京剧、川剧演员的基本功作为舞蹈基本功的训练内容。团里把一部分人送到京剧院（当时的西南军区京剧院）去学习京剧演员的基本功，另一部分人送到川剧院科班进行跟班训练。平日就在小礼堂，用鼓点声来指挥大家练功。没有把杆，他们就骑着自行车到几十里外的集市采购楠竹制作把杆；没有镜子，他们就到处寻找大玻璃镜子……大家干劲十足，一个个练得有模有样。

之前，1952年，团里曾派六男六女到解放军第三兵团文工团学习舞蹈节目。钱造雄他们在那里学了《游击队舞》《工人舞》等舞蹈节目。学了就演，这些舞蹈节目日后成为舞蹈队晚会演出中的主打节目。钱造雄他们在学舞过程中，还自创了《勇士舞》，两个男演员，手执大叉，用学来的戏曲程式做动作，二人对打。动作、情节都很简单，但这是钱造雄有意识地进行舞台艺术创作的开始。

文工团舞蹈队自从排演了第一台晚会后，演出任务日益增多。1952年4月根据市里安排，文工团组织了一个小分队随"赴朝慰问归国报告团"到贵州进行了两个多月的演出。舞蹈节目有：

《马车舞》《洗衣舞》《勇士舞》《蒙古舞》等。演出很受欢迎，那个年代贵州边远地区的人们还是第一次观看到这样的舞台演出。

1954年后，文工团经常组织人员到农村演出，在农村乡场找一个土台子用绳子一围就是舞台。有的地方票价才五分钱，有的场口四方都有人进，无法售票，也就根本不卖票，随便进。当地农民好多都是第一次观看这样的演出。有一次在一个乡坝演出，正逢赶场天，钱造雄主演《跑驴》，为了招揽观众，他化着装牵着"驴"到广场老街上去表演，围观群众挤得水泄不通，演着演着，"驴子"一跳，吓得几个村民往后退，这一退撞倒了卖陶瓷罐的摊子，撞坏了摊子，打破了罐子。卖陶瓷罐的老板不依了，结果还是文工团赔钱了事。文工团到农村演出，下乡队伍有三十多人，一去就是一二个月，全都是自己搬运服装道具，自己装台卸台，齐心协力忙演出，工作累，生活苦，自己带铺盖卷，晚上睡通铺，在有的农村能借到几间小学教室，把桌子板凳搭在一起再铺上点儿干草，就算是舒适之家了。

1954年，文化部号召文艺团体"专业化"，提倡搞剧场艺术。文工团决定在歌队、舞队、乐队中抽调一部分人到全国各地学习优秀节目。共组织了两批人，一批到北京，一批到上海、广州。钱造雄一行人去的是北京。两队完成了学习任务回到重庆，分别汇报了学习的几十个音乐、舞蹈节目。大家把所学的节目编排在一起，齐心协力排练后，开展了一台盛大的歌舞晚会。晚会节目丰富多彩，演员认真负责，节目质量很高，领导和同行们都很满意。歌舞晚会丰富了重庆市艺术演出的品种，受到了老百姓的喜爱和欢迎。这台晚会，是一台完整的、专业的歌舞晚会，整体提升了文工团的艺术实力和艺术质量，在各方面都取得了极好的反响。这台歌舞晚会的节目有：朝鲜族儿童独舞《明朗》、新疆双人舞《手鼓舞》、辽东秧歌《戴红花》、苗族舞《婚礼舞》、朝鲜族女子群舞《扇舞》、汉族群舞《红灯舞》，还有小合唱，女声独唱，器乐独奏，花鼓戏《夫妻观灯》《刘海砍樵》等。不久四川省文化厅通知，要文工团赴成都，在四川省首届人民代表大会开幕式晚会上进行表演。演出大获成功，文化厅决定在成都公演，持续了两个月，场场客满。

1954年，文化部号召广大新文艺工作者，向民间学习，向传统文化学习，向戏曲学习，向各民族学习。1955年，文工团安排巡回演出，大家一边演出，一边学习。在泸州演出期间，钱造雄他们观看了当地民间表演的"龙舞"。龙是整体扎制的，由7个人表演，一些舞龙的动作和画面，有看头，有气氛。当时大家就觉得这个龙舞很有特色，可以加工成为一个舞蹈表演节目。钱造雄同团里几个演员在当地学了龙舞，钱造雄为掌龙头的表演者。由此，龙舞作为一种民间艺术，首次进入剧场，登上舞台，成为舞蹈节目。1956年冬，参加全国第一届民间音乐舞蹈会演的四川代表团在成都集合。四川代表团共准备了十几个节目，重庆所选送的6个节目全部入选，是全国各地入选最多的。1956年底，首届民间音乐舞蹈会演在北京举行，《龙舞》的演出，民间色彩浓郁，满台生辉，动静有度，效果极佳，受到了一致好评。

文化部决定从首届民间音乐舞蹈会演的节目中选一些优秀节目进中南海怀仁堂，为毛主席和中央领导同志作汇报演出。重庆的《龙舞》入选，并安排为晚会的第一个节目。晚会原本定的是七点开演，钱造雄他们化好装一直在等，七点半左右，毛主席、周总理和一些中央领导同志都来了。演出开始，《龙舞》第一个登台，精彩的演出受到热烈的欢迎。晚会一共表演了十几个节目，演出结束谢幕时，全体演员一齐挤在舞台上，执掌龙头的钱造雄站在前排。毛主席高兴地站起来，走到台前，向大家挥手致意。这场演出，成了他一生引以为豪的一次演出。

舞蹈创作

一个从事艺术创作的人，其最大的愉悦莫过于享受艺术创作的过程，其最大的快乐莫过于作品成功地呈现在舞台上。钱造雄说："我的最直接的感受是，创作者是苦行僧，创作却是我艺术人生中最幸福的事业。"

小舞剧《两把锄头》是钱造雄与另两位同志一起创作的作品，创作灵感是从农村生活中得来的，主要讲的是阶级敌人妄图复辟搞破坏被少先队员发现并机智地与之斗争的故事。舞剧演出后引起了舞蹈界的广泛关注，并在1964年的四川省舞蹈观摩会演出中被评为优秀节目。《舞蹈》杂志刊登了图片介绍，《四川日报》刊登了多篇评介文章。这个节目在成都会演时被选为进京演出节目。

"雄鸡叫，东方亮，万鸡山上闪金光；大鸡小鸡团团转，好似彩云落山冈；热爱劳动多创新，姑娘自豪迎朝阳……"这是钱造雄创编舞蹈《养鸡姑娘》的主题歌。这一舞蹈素材，取自农村万鸡山养鸡姑娘的生活。她们的开朗勤快吸引了钱造雄，他以这些姑娘为原型，编排了《养鸡姑娘》这一女子独舞节目。王静以这一独舞参加重庆青少年会演，获优秀表演奖。后来，《养鸡姑娘》在歌舞团成为女演员首选的独舞保留节目。

在全国爱国卫生运动中，团领导布置任务，要求创作一个舞蹈宣传作品。钱造雄从生活中撷取素材，不到两个小时，就完成了作品的构思。从音乐组织、舞蹈动作编排，直到排练完成，再到演出，前后不到半天时间，一个讽刺舞蹈小品就诞生了。舞蹈讲述的是一个老人习惯随地吐痰，而一位少年几次劝说，老人仍不改，少年实在无法，最后只好把痰盂挂在老者的颈脖上，老人这才大悟。这一节目的宣传演出效果意想不到的好！为了宣传好爱国卫生运动，一些工厂、学校、街道等地方单位都派人来学习这个舞蹈小品，结果歌舞团的院坝中挤满了想要学这个舞蹈的人。

小舞剧《放裴》

1953年初，"第一届全国民族民间音乐舞蹈会演"在北京举行。这是新中国成立以来的首次音乐舞蹈会演，也是国家层面对新文艺大军的一次大检阅。重庆市文工团一直非常重视学习民族民间传统艺术，经常请专家、艺人讲课，提高文工团演员对传统艺术的认知；并组织观摩演出，让他们熟悉传统艺术，喜爱传统艺术。团部把他们送到川剧团、京剧团，让他们与这些团的团员同吃同住，跟班学习。

《放裴》小舞剧剧照

编导们人人想赴京演出，都拿出了自己的创作计划。在一次讨论会上，钱造雄说出了他的初步构想："我是一个从上海来的青年人，对重庆不熟悉，在接触了解川戏后，我认为川戏是一个有特殊风格和艺术魅力的艺术剧种，也是可以让我们开辟舞蹈创作的有丰富素材的天地。我就想搞一个有川戏风格的作品参加会演。"钱造雄计划把川剧折子戏《放裴》改编成一个小舞剧，他认为川剧和舞蹈相互关联，川剧的矛盾关系和行为轨迹与舞蹈的特点极为接近："一看《放裴》就想到这是一个舞蹈。"他的这个想法立即得到了领导的赞同。

钱造雄首先和音乐创作者商量设计音乐结构，其次确定了演员人选。随后，他带领演员们再一次到川剧院深入学习《放裴》这个折子戏。在学习过程中，著名川剧表演艺术家琼莲芳和姜尚峰两位老师，不仅把戏教给了他们，还把自己几十年的演艺心得教给了他们，用钱造雄的话说就是："两位老师是不能忘的恩师。"

钱造雄等人都是第一次排演小舞剧，大家都非常认真，努力达成编导的意图。女主角王静饰演的李惠娘是一个鬼魂，舞蹈上要求轻和飘，情感上深刻复杂，这是王静从未接触过的形象，所以她必须使出浑身解数去完成这个角色。为了舞蹈的轻和飘，王静苦练碎步和占占步，忍住痛和苦，脚上的血泡变成了老茧。为了完美地塑造这个形象，她还下功夫在一招一式上体现李惠娘的爱和恨。扮演裴生的姚义程也很刻苦，川剧小生的表演丰富多彩，姚义程学得全面，特别是在褶子功上下了很大的功夫，能达到很高的演出水平。因为几个演员都具有一定的传统艺术功底，所以对编导的意图都能较快地理解并达成。完成舞剧结构和音乐创作后，就紧张地投入排练，钱造雄编导的小舞剧《放裴》顺利完成。经审查通过，定为四川代表团参加全国会演的节目。

1953年4月，全国会演正式开幕。当钱造雄他们演出完成后，得到的是意想不到的收获。大家都说这场晚会很有特色，其中《放裴》推陈出新，可以说是舞蹈向戏曲学习的新收获。很多同行纷纷赞扬重庆的《放裴》太棒了，传统艺术功底扎实，让人怀疑是川剧演员在表演。著名舞蹈家戴爱莲先生说："《放裴》这个节目太好了，太美了，是中国芭蕾！"

回重庆后不久，团里接到文化部通知：《放裴》定为参加1957年在莫斯科举行的第六届世界青年与学生和平友谊联欢节（简称第六届青年联欢节）的比赛节目。接到通知后，《放裴》节目组一行7人立即奔赴北京，编导钱造雄为领队。他们一到北京就到东交民巷团中央报到，住进团中央招待所，这是中国青年艺术团第三分团的所在地。来此报到的还有中央歌舞团、中央民族歌舞团、中央广播民族管弦乐团、旅大歌舞团、上海实验歌剧院、北京舞蹈学院和重庆市文艺工作团等团体，它们联合起来进行了歌舞晚会表演。其中部分节目将参加第六届青年联欢节比赛，重庆的小舞剧《放裴》参加其中的东方舞比赛。

经过半年多的集训、排练，节目通过了中央的严格审查。1957年7月下旬，由三个艺术团、一个体育代表团和一个青年代表团组成的中国青年代表团艺术团乘坐专列从北京去往莫斯科。七天的旅途生活，在列车“咔嗒、咔嗒”的声响中，经过天津、哈尔滨、满洲里和苏联的新西伯利亚、贝加尔湖等地，一路上的美丽风光，令人目不暇接。列车到达莫斯科，中国代表团被安排入住到莫斯科郊外的奥斯坦金诺大酒店。当晚，主办方还为代表团举行了欢迎晚宴。

第二天，在莫斯科中央体育场，第六届世界青年联欢节盛大开幕，苏联方面的主要领导人都坐在主席台上，苏共中央第一书记赫鲁晓夫致辞并宣布第六届世界青年联欢节开幕。然后是各国艺术团体的入场式，这一次是有史以来规模最大的一次联欢节，有来自一百多个国家的青年代表团参加。开幕式结束后，主办方安排中国代表团参观了克里姆林宫和红场，并在红场边的地宫中瞻仰了列宁和斯大林的遗容。

节日期间主办方安排了丰富多彩的活动，代表团因要参加艺术比赛，有很重的排练和适应舞台的任务，很多活动就没有参加，但有一项活动大家一致决定参加，那就是观摩苏联芭蕾舞剧。当时苏联芭蕾舞在世界上享有盛名，他们有专业的、世界闻名的芭蕾舞学校，有强大的芭蕾舞编导演队伍和以乌兰诺娃为首的顶级芭蕾舞演员。钱造雄有幸观摩了两场芭蕾舞演出，一场是乌兰诺娃主演的《天鹅湖》，一场是《睡美人》。

比赛那天下午，当演员正在化装时，指挥彭修文走到钱造雄面前跟他说，中午接到总团通知，《放裴》要改为参加哑剧比赛，音乐中的女声伴唱部分全部取消，大家做好思想准备。当时几个演员都惊呆了。他们一行代表的是国家，只有尽自己的努力完成任务。钱造雄对大家说：“沉住气，演出按原来的不变。”就这样，带着中国的优秀传统文化艺术和演出一定能打动观众的信念，《放裴》走向了比赛的舞台。

演出结束，观众席响起了经久不息的掌声。按照规定，比赛演出不能谢幕，但观众的掌声不停，评委们只有紧急协商决定拉开大幕，让《放裴》的演员上场谢幕。大幕关上，观众的掌声还是不停，只能第二次拉开大幕，让演员又上场第二次谢幕。比赛结束后，大家都很兴奋，彭修文对王静说：“好悬！”王静对大家说：“我们都是好样的！”比完赛后，钱造雄一行人坐在剧场观众席里观摩其他国家的演出，节目都非常好看，各具本国特色。但得到两次谢幕殊荣的，只有《放裴》。回到宾馆后，演员们都很高兴。《放裴》临时改为哑剧参加比赛，而表演却毫无差乱、一气呵成，小舞剧《放裴》在国际大赛上一鸣惊人，终于成功了。几天后，王静在路上碰到作为评委的周巍峙，他高兴地说：“小鬼得奖了，你们的小舞剧得了舞蹈哑剧奖。”不久代表团就接到了由王静代表《放裴》全体演员去领奖的通知。完成了比赛任务的钱造雄一行感到非常轻松愉快，更加高兴地融入节日狂欢中去了。最后一天的大联欢给钱造雄他们留下了深刻的印象。那是一个美妙的夜晚，大家聚集在一个可容几千人的公园草地上，各国青年在一起，有的唱歌，有的跳舞。笑声、欢呼声汇成一片欢乐的海洋。突然，一束强烈的灯光打在一个身穿白色衣裙的金发姑娘身上，她就是电影《奥赛罗》里的女主角苔丝狄蒙娜的扮演者。她沿着长长的红地毯，像童话中的仙女翩翩向大家走来，把人们带入了一个美丽、幸福的童话世界。她边走边向人们撒着友谊的花瓣，同时，响起了《莫斯科郊外的晚上》，大家都欢呼起来："太美了！太好了！"欢乐气氛达到顶峰。

20世纪60年代，有一天，团里接到市委通知，要求在市委小礼堂安排一个小型演出，节目是《放裴》和《人间好》。到了市委，钱造雄他们做好演出准备工作后，就等候在那里。过了一会儿，工作人员来通知：今晚的演出非常重要，周恩来总理出访东南亚，路过重庆，他正在开重要会议，会议结束后马上来看你们的演出。大家的情绪立刻激动起来，给总理做专场汇报演出，是非常光荣和幸福的事情。

周总理看完《放裴》后，向工作人员嘱咐一些事情，这时王静重新化好装换好演出服，接着演《人间好》。观看演出的只有几个人，钱造雄他们至今也不清楚周总理怎么会知道《放裴》的。两个节目演出结束后，周总理向演出人员走来，大家都站起来欢迎周总理。周总理边走边对大家说："《放裴》这个节目好啊，基础很好，可以加工提高。"演出人员都激动地鼓起掌来。总理还说："我已经向他们（指着工作人员）讲了，把与《放裴》这个节目有关的人都请来，我要亲自组织这个会。"

很快各路人马到齐了，还包括两位川剧老师姜尚峰、琼莲芳。周总理对大家说："今天请大家来，只有一个事：《放裴》这个节目基础很好，请大家抓紧时间，加工修改提高，我下次出访，要带这个节目出国！"这时，工作人员走来对总理说，下一个会议正等着总理。总理起身走出礼堂门去开下一个重要会议，大家都站起来目送总理。

根据周恩来总理的指示，《放裴》剧组积极投入加工修改提高工作中，后来因"文化大革命"，这个计划没有实现，但这也成为《放裴》最光辉的一页。在那场运动中，《放裴》也成了"毒草"，主演王静成了"罪人"，受到批判和斗争。"四人帮"被打倒后，钱造雄、王静决定：一定要按照周总理的要求，把《放裴》进行修改提高。他们满怀热忱地提出了修改《放裴》的想法，在结构上增加了一段鬼魂附在杀手身上出场的引子，增加了舞剧的神秘色彩。同时还修改了离别桥段：在李惠娘和杀手激烈搏斗后，忧伤的音乐响起，李惠娘为裴生整理好衣衫，然后一个深深的跪拜，请裴生赶快走。裴生疾步离开，李惠娘转身哭泣，裴生转身看见哭泣的李惠娘，一个跪地滑步抱住了李惠娘，二人最后依依惜别。《放裴》修改版的演出效果非常好，使《放裴》这个剧目既有优美的舞姿，又有动人的情节，再次受到广大观众的热烈欢迎，而他们则是完成了对周恩来总理的庄严承诺。改版后的《放裴》参加了当年的"重庆新作奖"比赛，受到了重庆市文艺界的好评，并获得了特别奖。

第二代演员担纲，《放裴》继续活跃在舞台上。1983年中国重庆歌舞团出访缅甸，缅甸文化部部长说："《放裴》是宋代一个美丽的民间传说，你们成功地把它搬上舞台，很好，演出很成功。"1986年赴日本演出，《放裴》很受欢迎。一个11分钟的小舞剧，在每一场演出中，都掌声不断，最多时达到8次，"优美的舞姿，动人的情节"，让不少人感动得流下了眼泪。

2009年，中国人民解放军西南服务团成立60周年纪念大会在重庆召开，并举办了西南服务团60周年成就展。钱造雄在莫斯科第六届世界青年联欢节艺术比赛中获得的银质奖章和获奖证书在成就展上展出。展览结束后，钱造雄把他的奖章和证书捐赠给了重庆中国三峡博物馆。在捐赠仪式上，《重庆日报》记者采访了他。几天之后，《重庆日报》刊载了《不懂川剧的上海青年让〈放裴〉获得国际大奖》的专访报道，文中说钱造雄“曾是西南服务团的一名普通战士，也是一名对川剧一窍不通的‘川剧盲’，然而，凭着对艺术梦想的执着追求，仅仅用了两个月，他便在川剧《放裴》的基础上，创作出一部小舞剧，为解放后的重庆收获了第一块舞台艺术国际奖牌，并得到了周恩来总理的好评……”当钱造雄看到报纸后，他说：“我已经快八十岁了，《放裴》得奖也已经五十多年了，这是第一次得到人们对我艺术生涯的评价和肯定。”

从20世纪50年代到现在，已经过去了半个多世纪，《放裴》经历了各种风风雨雨、酸甜苦辣，成了历史的见证。在党的“百花齐放，百家争鸣”“推陈出新”的文艺方针指引下，钱造雄这一批新中国成立后成长起来的第一代舞蹈工作者，学习传统艺术，创作舞蹈作品，取得了可喜的成绩。小舞剧《放裴》的历史、文化和艺术内涵，是极其丰富和深刻的，远远超出了一个舞蹈作品的范围。按钱造雄的话说就是：“小舞剧《放裴》既是对传统艺术的继承，也是对民族舞剧的创新，是自己学川剧的感悟的结晶。《放裴》是我一生创作的得意之作。”

范众渠二三事

姜孝德

范众渠是民国时期重庆的名人，不仅开过银行、办过公司，当过艺术学校的校长，还担任过重庆市最后一届参议会参议长，如果仅是如此，不记录倒也罢了，关键是重庆解放前夕，他冒死劝说杨森不要炸毁重庆，最后劝说起到作用，使重庆几乎没有受到破坏，因此就不能不为他立传了。

范众渠，原名中康，1898年出生在湖北武汉。后随经商的父亲迁往四川达县(今达州市)居住。父亲范永新经营一家“范永新帽铺”，由于商品货真价实，老板诚实守信，生意很好。他们家里弟兄共五人，范众渠居二。他小名叫和尚，少年时代，是个孩子头，时常带着一帮孩子调皮捣蛋。有一次，他带着一帮孩子与另一帮孩子打群架，还差点打死人。范众渠最初上的是私塾，后来进了达县县立中学读书。他的小传中，说他曾在教会学校读过书，但不知是在进入县立中学之前，还是之后。他还曾到上海大学读过书，但没有毕业。20岁的时候，他报考东川邮政管理局万县（今重庆万州区）区邮务员，在众多的报考者中，成功被录取。这里需要特别解释一下，在1943年以前，中国的邮政都是由英国人经营。由于是老外经营的，待遇非常好，因而，报考的人非常多。因为范众渠最初读的是私塾，所以他的中文相当好，后来又在教会学校学过英语，因此英文也非常流畅，这就使得他在众多的报考者中脱颖而出。他从邮务员干起，四年后，调升宣汉县邮政分局局长。

就在这里，他做了一件非常了不起的事，对他后来从政起到了较好的作用。

1921年3月某晚，宣汉城爆发了军人叛乱的“宣汉事变”。驻扎在此地的川军独立旅，原本是伺机出川支持孙中山北伐的，岂料遇到了叛乱。当时，张治中是川军独立旅的参谋长。独立旅下属的一个团叛变了。一队叛军包围了旅长林光斗的公馆，出其不意地把他打死；另一队叛军赶到司令部要活捉张治中。司令部在一间民房里。这天张治中的身体不大舒服，哪里也没去，就在二楼与内弟洪君器闲谈，突然听到门口人声鼎沸，并夹杂着枪声。张治中情知不妙，赶忙与洪君器从二楼的后窗跳下跑了。往哪里跑，张治中心里根本没有数，他初到宣汉人生地不熟。实然他想到了有过几面之缘的宣汉县邮政局局长范众渠。他觉得此人善良且有智慧。于是绕过哨卡，来到了邮政局。范众渠十分惊讶："叛军团长吕镇华正在四处捉拿你，你还到处乱跑，不要命了?"张治中说："我乱跑正是为了活命。"范众渠说："你哪里也不能去。吕镇华临走，咬牙切齿地说，宣汉城内谁敢收留张治中，我杀他全家。"张治中听到这里，估计范众渠的话中话就是让他走，立即对洪君器说："咱们走。"范众渠说："你干啥?"张治中答："我不想连累你。"范众渠说："这不是连累不连累的问题，北伐成功，人民可以乐享太平哟！我们得想个好办法，让他们抓不到你。"经过商量，他们认为张治中躲进城内的陕军司令部最安全，毕竟林光斗之旅与他们属于友军。于是，便由范众渠去通知陕军司令部的人来接张治中。事实上，这时的陕军已经撤出了四川，只有一个留守处。范众渠赶到陕军留守处告诉了林黄胄参谋。林黄胄带人来把张治中护送到了伤兵医院藏起来。第二天张治中便混在伤兵中离开了宣汉县城。

对范众渠而言，不过是举手之劳，而对张治中而言，却是逃过了一劫，捡回了一条命。范众渠一夜之间便将此事遗忘了，而张治中却铭记终生，他把这件事写到了他的回忆录中。一晃，二十多年过去了。抗战期间，国民政府迁到重庆。一天，第八十八军军长范绍增在其豪华的"范庄"宴请国民政府军政要员。这时，范众渠已经是范绍增手下的军需处主任，他负责接待客人。座中有位客人时不时看看范众渠，却欲言又止。待酒酣宴罢之时，这位客人终于开口问道："先生在宣汉住过吗?""住过。"客人又问："在何处高就并任何职?""在邮政局任局长。"这位客人一跃而起，紧紧地把范众渠抱住，十分感激地说："你就是范局长，你就是我的救命恩人呀！"范众渠恍然大悟，连忙说："区区小事，何足挂齿。"

原来，这位客人就是赫赫有名的张治中将军。张治中对在座客人讲了往事，然后说道："半月之后，我借这块宝地，在这里办一场感恩宴会，感谢范先生的救命之恩。二十年前，我匆匆逃命，来不及感谢；二十年后，我要补上。今天在座各位都有请，万望赏光。"半月之后，张治中将军谢恩宴准时开席。范众渠及那天的嘉宾如约前来，重要的嘉宾有：顾祝同、宋子文、孔祥熙、张群、何应钦、白崇禧等。宴前，张将军隆重地向范众渠礼赠了一个玻璃盒子，盒子里一块金丝绒上放着一块镌刻有"谢恩铭文"的铜版，铭文记述了他宣汉蒙难的过程及他对范先生的感激之情，末句说："二十年后，重晤范先生于陪都，特镌数语，敬志铭感。"赠罢盒子，张将军还发表了一番热情洋溢的讲话。

如此高规格的感恩，对后来范众渠的发展，不论是经商，还是从政都有极好的作用。

1948年7月，范众渠被选为重庆市参议会参议长。10月，国民党政府导演了一出闹剧，他们要求各地参议会以自己的名义致电美国参众两院，要求他们军事援华。范众渠认为，这样等于是请美国人来帮助中国人打内战，必将置中国人民于水深火热之中。于是，他联合所有参议员，拒绝向美国参众两院发"请求军事援华"的函电。然而，以刘野樵为首的反动议员，要求发函电。最后，范众渠等以表决的方式取得胜利，最后形成决议："吁请军事外援，似有损民族尊严及国家体制，本会不应响应。”如此决议让国民党政府非常震惊。1949年3月，在市参议会第11次大会开幕词中，范众渠明确提出迅速确定和平方案、迅速派定和谈代表开始和谈、全面停止战争并停止一切妨碍和平的宣传、停止征兵征粮、谢绝一切无利于和平的外力援助等五点建议。在1949年上半年及以前的历史文献中，我没发现范众渠与地下共产党有接触的记载，他可能只是接触到极少数进步人士，比如胡子昂。也就是说，范众渠的一系列符合时代潮流的进步行为，都是受到进步人士的影响，加上自己对形势的分析，从而发生的思想转变。总之，他的举动给重庆地下党留下了好的印象，从而铺设了共产党敢与他合作的基础。

壹元借墊票執據

江北縣縣政府/徵收局為會銜借墊事案奉
國民革命軍第二十一軍軍長劉令催繳二十年度
糧稅展限四月底掃解經縣法團紳商會議決定由
本府/局製發壹元借墊票貳萬伍千張伍角借墊票肆
萬張務完納糧稅時抵完此據
縣長孫樹猷
局長范衆渠
中華民國二十年 月 日給

范众渠任江北县征收局局长相关材料

解放前夕，国民党疯狂至极，企图用最残酷的手段镇压人民，达到控制人民的目的。1949年4月26日，重庆警备司令部颁布了《十条杀令》，也称十杀令：(1)反抗政府阻扰政令者，处死刑；(2)扰乱社会治安，破坏社会秩序者，处死刑；(3)造谣惑众者，处死刑；(4)聚众暴动者，处死刑；(5)煽动罢工者，处死刑……如此恐怖的十杀令，给黎明前黑暗中的重庆，增添了几分寒意。

10月，由《商务日报》总经理高允斌牵线，地下党川东临委负责军运和策反的蒋仁风以共产党代表的身份约见范众渠。他们在大街上边走边谈。蒋仁风告诉范众渠：“全国就要解放了，国民党极有可能要破坏重庆。我们要团结更多人，一起保卫重庆。”不久，地下党授意范众渠秘密成立重庆“迎接解放筹备小组”，范众渠任组长，高允斌、蔡鹤年任副组长，成员有温少鹤、柯尧放等。这个组织在阻止敌人破坏、维持社会秩序、迎接重庆解放方面做了许多工作。

11月的时候，地下党得知，敌人在逃跑前要炸毁重庆，执行人是重庆卫戍总司令杨森与国名政府内政部第二警察总队队长彭斌。于是，一场策反敌人，阻止爆炸的行动开始了。

地下党指示范众渠出面与杨森面谈，要求杨森不要执行爆炸任务。去见杨森，无疑是十分危险的行动，只要杨森把范众渠的行为安上十杀令中的任何一条罪名，范众渠就可能死。尽管范众渠也觉得危险，但他认为自己比任何人去都要合适，因为在这个时候，共产党人还不能站在前排来。范众渠甚至觉得即使是死，也值得一试。为了保住重庆城，他不应该贪生怕死。

他去了渝舍，见到了杨森。开初，范众渠代表市民、工商界希望杨森不要炸毁重庆，杨森王顾左右而言他，不作答。后来杨森才表示：我不炸毁重庆，蒋(介石)先生就不给我拨军费，我的部队吃什么？让我不炸重庆，就给我十万块银元吧。经过一番讨价还价，最后以三万块银元成交。据说，杨森收了银元，的确从大溪沟发电厂等地方撤走了部队。

另有资料显示，重庆地下党还通过民盟的鲜英去做过杨森的工作，这事只有以后另写文章讲述。

11月30日下午2点，中共川东临委决定由蔡鹤年、温少鹤、周荟柏、任百鹏等4人乘坐轮船到海棠溪迎接解放军入城。下午7点，解放军进入市区，宣告重庆解放。

中华人民共和国成立后，范众渠担任过许多社会职务，如：重庆市公债推销委员会常委、市工商联调解委员会副主任、市肥皂同业公会主委、市皂烛火柴工业同业公会主委、四川省政协委员、四川省工商联常委、重庆市人大代表、重庆市政协常委、重庆市工商联副主委等职。

本来，他可以幸福地度过他的晚年，但“文革”来了，他的灾难也来了。他被批斗、游街、进学习班，写交待……最终于1971年11月25日不幸逝世。

1983年，有关方面为他进行了平反，并举行了追悼大会。

艺苑

《层峦》油画　林涛（浙江）　选自“留住乡愁”写意画家汤浦行写生作品展

《汤浦老街之三》油画　宋永进（浙江）选自“留住乡愁”写意画家汤浦行写生作品展

《残像碎影》水彩　刘进（江西）

《春》钢笔画　王继超(湖北)

《古刹钟声》钢笔画　蔡国梁（浙江）

《古玩》油画　徐腾杰（浙江）

《静静的海》水彩　宋清（陕西）

《清江云水》 中国画　彭小荣（广东）

《秋韵》 水彩　郑军德（浙江）选自“留住乡愁”写意画家汤浦行写生作品展

《踏歌行》玻璃钢着色　彭汉钦(重庆)

《汤浦》油画　康利微（河南）选自“留住乡愁”写意画家汤浦行写生作品展

《汤浦水》油画 王剑锋（上海）选自“留住乡愁”写意画家汤浦行写生作品展

《汤浦小景之二》油画　张继东（浙江）选自“留住乡愁”写意画家汤浦行写生作品展

《庭院折枝二》中国画 张恒翼（浙江）选自“留住乡愁”写意画家汤浦行写生作品展

《夏日即景》油画　黄睿（重庆）

《亚得里亚海印象》水彩　张继渝（重庆）

《有石桥的风景》油画　俞林（浙江）　选自“留住乡愁”写意画家汤浦行写生作品展

《紫薇花》中国画　黄禾青（湖北）

《退休系列3》水彩画 郑荣林（浙江）

《绽放的躯壳》版画 徐备荣（浙江）

创新回应文艺评论时代之问①

戚万凯

习近平总书记在十九大报告中提出“发扬学术民主、艺术民主，提升文艺原创力，推动文艺创新”。改革开放四十年来，文艺发展迅猛，文艺评论活跃，但文艺评论“守闺房”、囿圈子，难以施展拳脚，难以更好地服务人民。文艺评论该怎么办？这是文艺之问、人民之问，也是时代之问！我们应用心思考，以实践作答。

一、文艺评论时代一问：为何创新

（一）党的政策要求

文艺评论是党领导文艺工作的重要方式，是引导群众进行文艺鉴赏的重要手段，是推动文艺繁荣发展的重要力量。习近平指出“要高度重视和切实加强文艺评论工作。文艺批评是文艺创作的一面镜子、一剂良药，是引导创作、多出精品、提高审美、引领风尚的重要力量”，要求“把人民作为文艺表现的主体，把人民作为文艺审美的鉴赏家和评判者，把为人民服务作为文艺工作者的天职”，“要加强和改进文艺理论和评论工作，褒优贬劣，激浊扬清，更加有效地引导创作、推出精品、提高审美、引领风尚”。

党的文艺评论主张，体现在中央到地方出台的许多政策中。如《中共中央关于繁荣发展社会主义文艺的意见》要求“扶持重点文艺评论力量，发挥好各级文艺评论组织、研究机构、高等学校的积极作用”。相关政策强调了文艺评论工作的重要性，对抓好文艺评论工作提出了明确要求，是搞好文艺评论工作的重要指导。这充分说明我党越来越重视文艺评论，文艺评论的春天来了。

（二）人民的需求

众所周知，中国特色社会主义已进入新时代，我国社会主要矛盾已经转化为人民日益增长的美好生活需要和不平衡不充分的发展之间的矛盾。在文化需求方面，人民已经不满足于当文化产品的旁观者、欣赏者，而希望成为文化产品的鉴赏者、评判者、参与者。文艺评论家作为“审美导

①该文获重庆“十九精神与文艺评论”“改革开放与文艺发展”主题征文一等奖。

师”，就要满足人民的美好愿望，通过热情且专业的引领，帮助他们由表及里、由浅入深，触及文化内涵，领略文艺的无穷魅力，从而爱上文化，投身文化建设。

二、文艺评论时代二问：怎样出新

（一）改观念，不忘初心求创新

有人认为，文艺评论是文化人的爱好、劳心者的专利，老百姓似乎与文艺评论无缘。在新时代，这一观念应该改改了。这一观念不改变，就谈不上文艺评论的创新。文艺评论的“初心”是什么？就是要帮助群众学会鉴赏，提升群众的审美水平。重庆市巴南区创新开展的“麻雀艺评”基层文艺评论活动，将文艺评论引进民间，在专家带领下，发动群众搞文艺评论，化“高大上”为“麻辣烫”，引领百姓从“看热闹”逐渐转变为“看门道”，提升群众的文艺鉴赏力和基层文艺创造力，打造体现地域特色、符合基层实际的乡土文艺评论新亮点，让文艺评论成为文艺作品的“孵化器”。

（二）重设计，以人为本促创新

活动点延至基层、评论家引领入门、话语权交给民众、环节上综合运用，这就是文艺评论基层化的主要标志。要打造文艺评论活动品牌，最好赋予其一个新颖、简洁、生动、独特、易记、响亮的项目名称。重庆市巴南区将基层文艺评论活动命名为“麻雀艺评”，以鲜活生动受到赞誉。其以“外行变成内行人”为目标，注重顶层设计，集文艺展演、讲座、辅导、沙龙、竞猜于一体，精心设计“作品欣赏、故事说艺、引你入门、博士问答、麻雀闹春、言为心声、专家点评、嘉宾感言”等环节，丝丝入扣，步步深入，化文艺理论“高大上”为百姓可口“麻辣烫”，引领民众由旁观者变成参与者，从“看热闹”变成“看门道”，享受文化作品的无穷魅力。

（三）建机制，多管齐下保创新

要想文艺评论有效开展，就要健全机制，包括领导机制、保障机制、管理机制、激励机制等。宣传文化部门可将文艺评论作为宣传思想工作创新项目，纳入基层宣传思想工作年度目标考核内容，通过亮点展示、工作汇报、调研座谈等方式加以指导督查。上级部门要成立相应机构，明确职责分工，加强指导督查。相关基层干部要重视文艺评论，多多参与活动，现场给予指导。健全信息公开制度，疏通群众参与通道，让更多百姓去现场。

三、文艺评论时代三问：以何发展

（一）内+外，招兵买马壮队伍

振兴文艺评论，人才是关键。拥抱新时代，践行新思想，实现新作为，必须建立一支由领导、专家、作者和群众组成的庞大基层文艺评论队伍。领导负责把关定向，专家负责悉心引领，作者负责提供作品，群众负责参与鉴评，形成上下配合、左右沟通、优势互补、各尽其能的坚强团体。有条件的，可建立文艺评论组织，推动文艺评论专业化。上级可建立文艺作品仓储体系，为基层提供鉴评资源；可建立多门类人才组成的专家指导组，赴现场指导，引领大众参与评论。建立“根据地”，要在机关、学校、企业、村子等建基地、搭平台。要制订计划，细化方案，建立主要领导总揽全局、分管领导策划协调、文化部门具体运作、人民群众积极参与的分工负责制，依托当地文化部门、文联组织和民间文艺团体，就近方便、灵活多样地开展活动。

（二）视+听，生动形象增活力

基层文艺评论要跳出传统评论的窠臼，不拘一格，创新手段。活动初期，可摸着石头过河，组织精兵强将，举办示范活动；鉴赏作品以形象生动、群众喜闻乐见的艺术类作品为主，诸如书画摄影、音乐舞蹈、戏剧曲艺等；鉴评时，实现演展观相衔接，说唱议相结合，动脑动手相融合，台上台下相互配合。为扩大影响力，可制作外宣品，推出主题歌，征集宣传语，创办图文并茂的评论报刊，开展专题征稿活动，将文艺评论作品汇编成册，开办或利用已有网站、博客、微信公众号进行宣传。

基于当代喜剧美学视域下谐剧的传承与创新①

刘长宇

《习近平在2014年文艺工作座谈会上的讲话》中强调指出:“追求真善美是文艺的永恒价值。艺术的最高境界就是让人动心,让人们的灵魂经受洗礼,让人们发现自然的美、生活的美、心灵的美。”当今社会处于一个娱乐的时代,人们都努力追求快乐。喜剧作为一种能给广大观众带来欢乐的艺术形式,越来越受到广大观众的喜爱和关注。但是由于经济利益的驱使和对娱乐的过分追求,导致了一部分喜剧节目中充斥着庸俗、低级趣味、丑陋等元素。究其原因一方面是喜剧创作缺乏创意,喜剧创作的步伐没有跟上观众喜剧素质的增长速度。另一方面就是缺乏美学的指导和统摄,我们的部分创作者缺乏美学的知识,使得创作出来作品缺少美感,直接影响观众的审美水平。周而复始,创作者和观众的审美能力都不断降低。针对这样的现状,我们今天的喜剧创作者必须重新回顾喜剧美学,以喜剧美学为立足点,这样创作出来的喜剧作品才具有真正的艺术性。

巴蜀大地蕴含着许多喜剧因子,应运而生了许多曲艺形态,谐剧就是其中之一。在谐剧艺术中,有许多具有代表性的谐剧艺术家,如谐剧的创始人王永梭开创了谐剧的先河,在创作上包德宾接过接力棒,而在表演上沈伐、李永玲等人共同努力使谐剧得到进一步发展。通过梳理谐剧的发展脉络,基于当代喜剧美学的视角对谐剧进行分析,探寻谐剧创新之处,进而找出谐剧的发展瓶颈的原因,以此为翼推动谐剧的跨越式发展。

一、谐剧的理论基础

(一)概念界定

谐剧有“一人独演,独演一人”的叫法,即在舞台上表演时由一个人完成。演员通过和现实空间不存在的假定对象进行“对话”和表演,让观众明确角色的规定情境和假设在场的其他人物,生动展现出生活中的一个故事片段。谐剧是将地方曲艺和戏剧充分结合后形成的艺术形态,和传统的单口相声和双簧有明显的区别:单口相声中的表演者往往身处第三人称的客观的视角,而谐剧中的表演者身处情景之中,是以第一人称的视角进行表演;双簧艺术中,一个在前肢体表现,一个

①该文获重庆“十九大精神与文艺评论”“改革开放与文艺发展”主题征文二等奖。

在后发声造型，两者需要达到动作和声音的统一，而谐剧只需要由一个人实现肢体和动作的表演。谐剧带有浓郁的地域特色，秉承着巴蜀人性格中嬉笑怒骂的喜剧精神，是通过特有的“巴蜀标签”给观众带来身心愉悦的艺术形式。

（二）艺术特征

1. 虚实结合，发挥想象

谐剧艺术和其他姊妹艺术相比最大的特色就在于虚实相生，变化无穷。无论是相声还是小品，这类喜剧形态中，表演者都是真实性存在的。设置情景中观众都能通过眼睛和耳朵对舞台人物的语言和动作进行感知，从而直接的产生内心的感受，而谐剧的表演则有所不同。一出谐剧的成功不光依靠演员“实”地表演，更为重要的在于观众“虚”地想象。在其他的艺术形态中，观众的身份就是一个欣赏者，而谐剧创作中演员和观众形成了一个艺术共同体。演员们在舞台上夸张地呈现一个又一个动作，观众在欣赏的同时，还要展开想象，在演员们动作与动作之间的外部表情变化的过程中，建构出虚拟对手人物的表情和动作。当然，每个观众建构的人物形象肯定是不一样的，所以说谐剧艺术不光是视听喜剧，更是一门想象艺术。

2. 诙谐幽默，地域鲜明

谐剧作为一门喜剧艺术，“笑”是艺术创作者努力追求和践行的方向。该艺术的幽默在于将川渝的地域文化、生动的语言以及夸张的动作巧妙地结合，充分表现出川渝人“戏谑”的生活幽默。川渝的地域文化博大精深，在谐剧中往往巧妙地融入码头文化、茶馆文化等，蕴含着许多逗趣的素材。生动的语言是川渝话的一种独特样式，比如话语委婉，川渝人说话不喜欢直截了当，喜欢“打太极”，也就是爱打比喻，换着方式说话，这也是川渝话风趣幽默的原因之一。又比如把许多动词和名词改造成了形容词，生动鲜活具有极强的画面感，让人产生无限的遐想。像“接吻”被叫成“啃兔儿脑壳”，“暗中使坏的人”叫“戳锅漏”等。而夸张的动作来源于川剧，川剧中的丑角有许多的绝活儿，节奏鲜明，动作娴熟，傻气中带着高超绝技。

3. 简短凝练，典型鲜活

谐剧一般选取的是社会生活中的一个片段，这样的片段要具有对生活的高度凝练，因此具有概括性；要达到以小见大的效果，所以谐剧作品往往较为简短。谐剧幽默中的一部分是源于戏剧的矛盾冲突，所以对剧中典型人物的刻画显得非常重要，不论是《卖膏药》中的老板，还是《零点七》中的旦角，都不仅带有个体的自然属性，而且还被贴上了鲜明的社会角色和地位的标签，典型人物融入相应的喜剧理论当中。可以说典型性格的人物塑造，就是构筑谐剧艺术的有机骨架，从宏观上直接影响艺术表达的成败。当然，一出谐剧的类型的确定和典型人物塑造有着密切的关系。

二、谐剧的发展阶段

（一）滥觞：《卖膏药》造就新样态

《卖膏药》这个作品是在1939年合江县各界迎接元旦的游艺晚会上诞生的第一出谐剧。该作品讲述了一个生活在社会底层的江湖药贩，为了推销自己的膏药，在人群面前展示了一段诙谐逗趣的“宣传演讲”。这出谐剧看上去通俗滑稽，实则寓意深刻。一个社会底层的普通人却折射出当时中国老百姓的一个群像。表面上看卖膏药的老板在人群面前一边用口若悬河的语言推销，另一边又用虎虎生威的动作展示，而事实上生动语言的装腔造势表现出他内心中的凄凉悲苦，威武动作背后则是生活压迫下的无助恐慌。整个作品中将川渝地域文化融入于谐剧表演形式当中，通过简短的一出谐剧表演将川渝当时民不聊生的社会情景生动的展现出来。

这一部谐剧中，没有融入戏剧的人物间的矛盾冲突，更多的是卖膏药老板自我的一种泛化交流。它绝不同于天桥的把式，而是蕴含着深刻的社会价值。表演大师王永梭由于长期生活在社会底层，熟悉袍哥“切口”和“跑滩匠”的江湖言语。选取了一个具有代表性的社会场景进行表演，从诙谐有趣的川渝方言炸开全场，再融川渝特色的歇后语（蔑丝儿做灯笼——原(圆)谅 (亮)原谅）等，表演完毕之后让人产生由个体到社会的一种深思，就如王永梭对谐剧的总结：始于诙谐，止于严肃。

在《卖膏药》之后，王永梭抓住谐剧创作“贴近生活，反映社会”的特征，又相继创作了《扒手》《赶汽车》《喝酒》《黄巡官》等谐剧。《扒手》的创作素材来源于1942年王永梭在隆昌亲眼看见一个在饥饿线上苦苦挣扎的青年，因偷烧饼被袍哥捆在一颗桑树上毒打凌辱的惨景。演员对扒手求饶表情的表现，侧面表现出当时警察的蛮横和卑鄙。《赶汽车》讲述了赶汽车的乘客从黄牛贩子手中买票和因为汽车抛锚而退票失败的整个过程，反映出在国民党统治下社会黑暗和经济混乱的状态。王永梭的谐剧大多表现社会底层人群的悲惨生活状态，生动刻画出一个个在社会中生活艰难的小人物的形象。

（二）接续：《零点七》创造新高度

进入改革开放以后，川渝谐剧表演艺术家沈伐接过王永梭的接力棒，将谐剧做了进一步的发扬。演员沈伐和编剧包德宾保留传承的是锁定小人物和人物塑造，创新的则是顺应时代的改革主题，通过对一个个小人物的刻画和塑造将新时期的川渝社会群像进行了一个浓缩折射。《零点七》是唯一一部登上春节联欢晚会的真正谐剧，深刻讽刺了有些川渝人性格中虚伪的部分。谐剧《零点七》讲述了川渝某县川剧团旦角演员小凤鸣，受广播站王站长的邀请，在某晚会上表演川剧《柜中缘》，小凤鸣在演出之前和王站长的简单对话当中，虽然没有直接提到劳务报酬，但是在交谈中话里话外都在提及金钱。这部作品的编剧是著名谐剧作家包德宾，它的创作特征在于内容结合戏剧和戏曲之长，通过一个川剧旦角演员的外在表现和内在心理的矛盾冲突，制造出幽默包袱，从而深刻地批判了人性的虚伪与阴暗。表演者是川渝谐剧表演艺术家沈伐，在整个表演中，他对人物的心态变化表现得非常细致，人物性格刻画得非常鲜活，并且适度融入川剧的说唱等表现形式。

不管什么样的喜剧形式，都有一个共同的社会价值，就是隐射现实。谐剧作为一门夸张的巴蜀语言艺术，对现实的隐射度更大。《零点七》的价值诉求正是借助一次演出前的对话，将人性中的虚伪表现得淋漓尽致。表演者一个人演绎，角色不需要转换，情感的过渡和处理自然真实。由于对话中一实一虚，沈伐扮演的小凤鸣是实，王站长是虚，这样的表演强化了对实的刻画和批判，让观众更加关注这个人物的表现，隐射意义更大。谐剧《零点七》对央视春晚来讲，其进步意义不只有幽默性，还是对原有喜剧形态的创新和丰富。谐剧与评书和双簧这些喜剧艺术形式不同，谐剧打破了原有喜剧种类的平衡，以一种融合了哑剧的细致表演、喜剧小品的故事情节、相声艺术的伶牙俐齿并且具有鲜明的地域特色的喜剧形态展示在观众面前，其既有内容创新，也有形式创新。

三、谐剧的瓶颈与创新

近些年，再也没有优秀的经典谐剧作品诞生，我们除了些许伤感和惆怅，更多的是对谐剧自身发展瓶颈的思考。以喜剧美学的审美视角进行分析，不难寻找出其中的一些问题。

（一）艺术形式过分融合，需逐步找回本体特征

任何一门艺术要得到发展，除了传承还需要借鉴。在“借鉴”这一点上谐剧应该说做到了极致。一方面，谐剧向评书艺术学习，将语言的张力扩大，将嘴皮子练得更遛，又快又准。另一方面，谐剧向小品艺术学习，增加戏剧冲突的建构，在人物的矛盾当中制造出幽默的效果。但需要注意的是“借鉴”不等于“替换”，两者有着本质上的区别。每一门艺术都具有其自身的核心特色，这是每一门艺术的“魂”，是区别其他艺术的重要标志。而这两年在川渝各个舞台上看到的所谓谐剧表演，更多的像是一段相声。没有了第一人称的角色扮演，而是以一种单口相声式的形态在第一人称和第三人称之间来回游走，谐剧“虚实相生”的本质荡然无存，逐步沦为“东施效颦”“邯郸学步”的畸形艺术门类。在新时期里，谐剧艺术要想获得新的发展，必须回归到本体艺术上来。着重在“虚实”上进行思考，充分调动观众的想象能力，才能焕发出谐剧艺术新的光芒。

（二）表现内容乏善可陈，需深度挖掘时代典型

进入新时代以来，谐剧艺术进入瓶颈期的另一个原因是创作内容。喜剧作品能成功的要素之一就是创作素材，不论是王永梭的谐剧《卖膏药》《扒手》，还是《赶汽车》等，或是包德宾的《零点七》，这些谐剧都是抓取了社会生活中具有代表性的事件，对其再进行艺术加工和修饰，将喜剧性的艺术特征和现实性的社会价值表现出来。而现在的谐剧创作内容乏善可陈，没有更新更具时代性的事件，不同的谐剧演员在舞台上始终就是将过去的内容翻新再翻新。谐剧中人物刻画越来越不够典型化，缺乏艺术个性，而带有一种笼统的低俗群像特征，以滑稽的语言来博得观众的掌声。因此，要想改变现状，谐剧创作者需要深度挖掘新时期的代表元素，寻找出带有川渝地域特色的个性鲜明的群像代表。

（三）艺术表演过分丑化，需转变闹剧成为喜剧

谐剧有着深厚的民间根脉，因此得到广大巴蜀人民的喜爱。巴蜀位于中国的西部地区，巴山蜀水的独特自然环境孕育出独具地域特色的喜剧形态。不论是川剧、谐剧还是川渝喜剧小品，都

秉承了巴蜀人性格中嬉笑怒骂的戏谑精神，凸显出巴蜀人亲切质朴、善良活泼的特征。但是，当下的谐剧艺术却出现了一种错误的倾向：把谐剧演员的装疯卖傻式表演当作质朴单纯的标签，把低俗语言当成制造趣味的“包袱”。整个节目中充斥的都是低级的争吵、笨拙的表演以及生活表层的展现，喜剧逐步沦为“闹剧”。其根本原因在于谐剧演员没有找到表现巴蜀人智慧、幽默和机敏的有效方式。相声艺术大师侯宝林曾说：有文化的笑话是幽默，没文化的相声是滑稽。由此告诉谐剧创作者不要停留在用生理的拙劣引起观众“自我”的嘲笑，而应该转变为用心理的巧妙变化引导观众“超我”的快乐。因此，各种喜剧艺术创作者应该掌握喜剧美学的知识，在形式上大胆探索，既要紧跟喜剧的时代要求，又要具有地域特色的个性化表演，在文化内涵上增加艺术的品位和格调。

将谐剧置于喜剧美学的学术视野下进行研究，不难发现任何物质外化符号的表达都和美学是有关联的。谐剧作为地方喜剧艺术的一个典型代表，其艺术表层追求是“喜”，即让观众愉悦，就是我们平时提到的“幽默性”。而喜剧美学内在更高追求是“美”，即让观众在潜移默化中获取和增强一种艺术的审美能力。“幽默性”是可感的，通过声音和肢体等符号传递给观众。“审美能力”是无形的，隐含在幽默的表达中揭示意义。两者的关系实质是融合和补充的辩证关系，相辅相成，相互促进。但是这对矛盾随着时代新元素的注入而逐渐相互脱离，不能有效融合。谐剧发展至今，越来越带给观众一种“俗、闹、丑”的感觉，其实就是缺少一种审美化的创作理念。应该将谐剧从艺术升华到美学。建立一套喜剧艺术、喜剧美学、喜剧哲学的设想，从谐剧寓庄于谐的喜剧风格，逐步上升为寓教于乐的喜剧精神，最后落脚于寓悲于喜的喜剧哲学之中。

参考文献：

[1] 李祥林．谐剧：洋溢着创造智慧的地方艺术[J]. 文史杂志,2014(2):62-65.

[2] 沙地．贴近生活 反映生活——从王永梭到包德宾的剧作看四川谐剧的现状[J]. 四川戏剧,2006(2):46-47,69.

[3] 徐孝坤．谐剧的魅力[J]. 四川戏剧,1990(6):41-42.

[4] 杨中．试谈王永梭抗战期间创作的几个谐剧——兼以纪念谐剧创始五十周年[J]. 四川戏剧,1990(6):43-46.

[5] 王世德．论新时期谐剧发展及美学特征[J]. 四川戏剧,2008(5):9-10.

一部传承土家文化的“大辞典”——《秦良玉史料全集》简评

陈鱼乐

文化是一个国家、一个民族的灵魂，也是一个民族的血脉和根基。土家族作为中华民族大家庭中的一分子，有着自己独特的优秀传统文化，秦良玉文化就是其杰出的代表。在新时期，全面梳理秦良玉文化的发展脉络，充分挖掘其历史文化价值，对提升文化自信，强化民族凝聚力，提振民族精神，增强国家认同，实现中华民族的伟大复兴，都有着积极而深远的意义。

《秦良玉史料全集》(以下简称《全集》)即是总结秦良玉文化的重要成果。其首发式，在石柱举行。来自北京、云南、贵州、湖北等11个省、区、市的30家高等院校、科研院所、文博机构的60余名专家学者，出席了首发式，对中国土司制度的文化历史等问题进行研讨。四川省社科院移民与客家文化研究中心主任陈世松、西南大学历史学院教授马强，就此做了精辟点评。我有幸参加了首发式，领到了一共八本共500万字的这套书。手不释卷地读完此书，真是百感交集，思绪万千。从某种角度来说，这就是一部传承土家文化的“大辞典”。

记得31年前，川大出版社出版了《秦良玉史料集成》(以下简称《集成》)，此书由“秦良玉史料研究编纂委员会”编，将我国文学家、史学家郭沫若写给《四川日报》编辑部的信——《关于秦良玉的问题》作为首序，请四川社科院历史研究所研究员、书法家、石柱县人王纲先生作序，四川省文联主席马识途题写书名。这一《集成》共27.3万字，由七部分正文和一个附录构成。《集成》囊括了秦良玉一生的事迹，如从讨杨应龙、受命土司官、援辽和勤王、奋勇平奢乱、抗拒农民军及晚年生活等。通读此书，基本可了解秦良玉应诏勤王、忠心爱国、平乱保境的一生。

但是今天看来，秦良玉不仅仅是一个人，还是作为具有多元素的土家文化典范的人，是以土家族为代表的文化符号。鉴于此，石柱县人民政府联合重庆长江师范学院，历时4年研究，打造并出版了《全集》。《全集》豪华巨版、规模宏大，重点凸显文艺作品和理论研究。

《全集》的问世，具有重大的理论价值、深远的历史意义和重要的现实意义。

初读《全集》，我认为，它有以下几个明显的特征。

一是视野广阔，内容丰富。历时4年时间研究，搜集了关于秦良玉的大量史料，包括《明史》《清史稿》等正史，还汇集了不少国内外研究秦良玉的文献资料。相比《集成》，《全集》视野更广阔，史料考证更准确，研究文献也更丰富。同时，这套史料除了收录历史资料、研究论文等学术资料外，还收录了海内外围绕秦良玉创作的小说故事、戏剧曲艺、诗歌散文、影视剧作等。《重庆日报》记者李星婷报道称：该套书是目前全国关于秦良玉最全面、规模最大的史料搜集。

二是装帧精美、外观古朴。全套书共500万字，是一套全面反映秦良玉文化的工具书、文艺作品集。这套书装帧精美、资料翔实、内容丰富、结构合理、分类清晰、设计构思独到，既体现了全套书的基本精神和内涵，又能够在视觉上吸引读者，堪称是一部土家族优良传统文化的“大辞典”。

三是系统性强，时代特征鲜明。本套书的《历史资料卷》既录入了史书中的资料，又录入野史杂史、人物传记等，更囊括了地方志、家族谱牒、文献杂编，可谓门类齐全，一书在手，尽知其细，重点突出，详略得当。从一定程度上讲，这一“系统工程”的完成，既总结了土家族的优良传统，又让各民族进一步深入了解石柱县，全面认识秦良玉，对传承和弘扬土家族传统历史文化是一次很好的动员和推动，更有利于促进文化自信、民族认同、国家认同，助推民族团结，助力祖国昌盛。

四是学术性强，理论价值高。对秦良玉文化的研究，不是今天方始，而是早在民国时期就已开始。从《研究论文卷》可以看到，秦良玉文化的萌芽期在1926—1949年，围绕“家财济饷”“国难女模”主题，研究者们拿秦良玉同李清照、秋瑾相比。过渡期为1950—2000年，重点凸现了秦良玉的巾帼英雄、土家女强人形象以及其身上体现出的民族大团结精神。例如1999年鲜于煌著《土家族民间故事中“民族大团结”思想》一文发表在《西南民族学院学报(哲学社会科学版)》载：“……秦良玉在三月三跳月的过程中逐渐认识了土家族的后生马千乘,并把他带回了自己的家里。秦良玉的母亲对他的父亲说:‘老爷,你没听那后生说,他家道败落,一贫如洗吗？这都不说了。但他是土家族的后代,我们苗家和土家族自古是不通婚的呐！’‘夫人呀,你和女儿一样,不重钱势,这很好。但执民族偏见就不对了！当年汉族的文成公主不就送(嫁)给了藏族的松赞干布吗?民族不同有什么不可联姻的呢?’于是,秦葵立即宴请亲戚,给秦良玉和马千乘操办婚事。婚后,夫妻恩爱,共同为朝廷立了大功。”这在婚姻关系上打破了互相不通婚的惯例，更打破了族规，实现男女青年自由婚配的夙愿，这既是民族大团结的象征，更是恋爱自由的彰显。发展期为2001—2012年，是该卷的核心部分，其中录入研究论文30余篇，比例几乎占一半。作者们从不同角度出发，研究石柱土司文化代表人物秦良玉；从军事、文学、电影、服饰方面进行考量，让人们深识秦良玉。尤其是《德国文学中的“四川女英雄”》一文让人眼前一亮，此文称：“……在德国文学中……在欧洲，‘亚马孙人’是‘女战士’的代名词。……因此所谓‘勇敢的中国亚马孙人’也就是‘中国女英雄’的代名词。卫匡国不仅对女英雄赞不绝口,而且还在《鞑靼战纪》中为她配上了一幅引人注目的插图。图上,那位刚刚击退清兵进犯的女将军正赶去拜见明朝皇帝,她周围长枪如林，战士们欢呼雀跃。卫匡国满怀敬意地写道：‘我们有理由称她为中国的亚马孙人或是彭忒西勒亚。她带着三千战士从一个相当遥远的地方——四川(Suchuen)赶来，她不单具有男人的气概，而且还身着男装，当然她也拥有原本更配男人的封号。’卫匡国没有提到这位女将的名字，但是稍加稽考我们便可在正史中找到这位女将的来历，她便是跻身《明史·列传第一百五十八》的四川女英雄秦良玉。”高潮期为2013年至今，专家学者们称秦良玉是“一个时代的一面旗帜”，具有“民族观与国家观”，展现出“崇高的民族气节”，而“秦良玉文化的人类学解读”“历史人类学研究”等，从各个层面对秦良玉文化进行了解读。尤其是对土家族优良传统文化的民族性、传统性、地域性和时代性等特点的阐释，让本书呈现出独到的学术价值，弥补了以往相关出版物在学术研究上的不足。

五是知识性强，实用价值极高。该书既有史实介绍、理论研究，又有作家、艺术家们将秦良玉构思入小说故事、戏剧、诗歌、影视剧作的具体实践，具有很强的知识性、艺术性和实用性。如把3800多页的《全集》归类，我以为可分三大类：历史资料、理论研究、文艺作品。仅文艺作品就有3100余页，而此类中的小说故事和影视剧作，又占90%的篇幅，其实用价值之高，不言而喻。

《小说故事卷》(上)收录了民国时期江西萍乡的文公直著《女杰秦良玉演义》、黄次书著《秦良玉》等。《女杰秦良玉演义》情节引人入胜，人物富有个性。《小说故事卷下》录入三篇：孙因著《女帅秦良玉传奇》，黄瑛著《巾帼恨》，陈时政、田应良合著《明末女将秦良玉》。欲睹女帅风采，不得不读孙因的小说，因他笔下的秦良玉人物形象生动，情节曲折离奇。

《戏剧曲艺卷》收编杨村彬所著的四幕古装历史剧《秦良玉》、叶扁舟所著的大型历史话剧《秦良玉》和黄瑛所著的七场历史川剧《秦良玉》。叶扁舟的话剧，截取秦良玉在她丈夫马千乘被太监邱乘云(剧中为邱占营)害死后，承袭土司职到第三次勤王挂帅这11年的争战生活为主要内容，把秦良玉与邱乘云的斗争作为贯穿全剧的线索，充分表现了秦良玉的牺牲精神，揭示了明王朝灭亡的历史必然性。黄瑛的川剧，则是选取了秦良玉的三次抗清活动，没有涉及她一生的功过问题。剧作集中表现了当国家遭到外敌侵略时，秦良玉主动捐资筹饷、万里请缨，奔赴前线杀敌的爱国主义精神。

《诗歌散文卷》主要收录了有关秦良玉的古诗79首、楹联6副、散文9篇，并对其中难懂、不易理解的59首诗歌加了注解。作者中地位最高的是明庄烈帝，文人中最有名的是郭沫若，还有一些平民作者。所选诗篇最长的一首是四川合江人、中学教师穆晋明的《明忠贞侯秦良玉》，共185行的七言长篇叙事诗，是秦良玉戎马一生的写照；最短的一首是民国时毕业于“中央”政治大学，后做过教师、编辑的陈忠民《题忠州太保祠》，此首五言诗，仅有四句，高度赞扬了秦良玉的一生。散文中的前8篇是对秦良玉的赞美，末篇佚名的《揭秘白杆兵的兴衰》，文章不长，思考空间却很大，给人深刻的启示。

《影视剧作卷》分上下两卷，共140万字。上卷收录了当代北京人何燕江等人导演的30集电视连续剧《传奇女将秦良玉》的剧本等；下卷收录了蒋屏的电视专题片解说词《秦良玉》等。

由此可知，《全集》的知识性之强、实用性之广。

虽然此套书的社会作用巨大，但也有不足之处，主要有以下几点。

一是内页有文无图，留白随意。除了封面的暗花图、封底的插图之外，内页没有一张图片，让人遗憾。比如在蓄意留白的空白页，如116页、276页、362页、594页、966页、1864页、2094页、2692页、2950页、3870页等，就可以插入与秦良玉文化有关的图片，如都督府、蟒袍、朝笏、兵器等，这样就图文并茂了。同时留白页码也无规律，按其所留空白来看，还有一些地方也应留白，如历史资料卷还应留6个，小说故事卷还应留5个，研究论文卷、戏剧曲艺卷、诗歌散文卷和影视剧作卷还应各留1个空白页码，这样才能体现《全集》内页的整体编排美。有文无图，影响形象美；随意留白，影响整体美。

二是内页纸张不是环保新闻纸，对视力没法保护。从头到尾，全是纯白纸张，看起来十分刺激眼睛。

三是一些作品未注明来源。《全集》中多数文艺作品未标明出处。如文公直的《女杰秦良玉演义》、黄次书的《秦良玉》、卫聚贤的《秦良玉》这些长篇、中篇小说，产生于何时？由何处出版的？读者读后不知。

四是弄错作者名字。比如“马斗蟇”，错写成“马斗火彗”，校对有误，且出现在目录上，很不应该。重复页码，仅《历史资料卷》就重复了303～305三个页码，显然是因校对疏忽所致。限于篇幅，不再赘述。

总之，这部“大辞典”的出版，填补了我国土家族优良传统文化——秦良玉文化的一项空白，有着十分重要的学术价值和现实意义，殊为难得。

一代志家，烛照古今
——读傅德岷的长篇历史传记《常璩》

刘绍星

常璩是我国东晋时期的著名史学家，他用毕生心血撰写的《华阳国志》是我国现存较早的一部较完整的地方志著作，书中记载了公元4世纪以前今四川、重庆、贵州、云南及湖北等部分地区的历史、地理、人物、民族、文化等状况，具有极高的史学价值和文学价值。全书结构严谨、内容丰富、史料可靠，受到历代学者及外国专家的高度评价。南朝宋时范晔的《后汉书》、裴松之的《三国志注》、李膺的《益州记》，北魏郦道元的《水经注》和崔鸿的《十六国春秋》，甚至北宋时司马光著名的《资治通鉴》等书，均部分取材于《华阳国志》。唐代史学家刘知几在《史通·杂述》中赞其为"传诸不朽"之书，常璩之《华阳国志》"议论忠笃，乐道人之善，蜀记之可观，未有过于此者"。([北宋]吕大防《华阳国志·序》)任乃强说自周代列国到现代的方志，一万种不止，莫不推《华阳国志》为典型，甚至英国的李约瑟博士在《中国科学技术史》中赞《华阳国志》为中国地方志中一颗耀眼的明珠，是中国古代文化遗产中的精华之一。故常璩被誉为"中国方志的初祖"是有其根本依据的。

常璩是巴蜀人民的骄傲！《华阳国志》是巴蜀地区一张亮丽的文化名片！

这部史学名著，既反映了常璩卓越的学识，又反映出他高远深邃的思想。常璩一生拥护国家大一统，重视民本，秉持旌昭仁贤，宣德达教的人生信条，践行求真资鉴、重视经济科技及民俗民风等治史精神，具有较高的人格魅力。但《华阳国志》是如何写出来的，成了一千六百多年来的历史悬案。《常璩》的作者傅德岷教授不畏艰难，为了追求历史和文献的真实，认真研读《华阳国志》及有关著作，三次去常璩故里晋蜀郡江原县小亭乡(今四川崇州市三江镇)调查采访，结合他曾在云、贵、川地区的生活体验，从而获取了大量的历史信息，最后通过传记文学手段，对这些信息和文献进行梳理、提炼和再现，做到了深耕历史，又不拘泥于历史，既有历史的再现，也有历史的拓展，拥有丰富的文学想象力和感人的细节，历时数年写出了这部厚重之作。该书艺术地再现了在晋朝内乱不断、战争纷起的背景下，方志初祖常璩一生独特非凡的经历。

《常璩》一书以重大历史事件为经，以常璩的个人经历为纬，纵横交错，有条不紊地展开叙述：常璩家学渊源深厚，孩时历经流民之乱；西山刻苦求学，追随恩师范长生攻读诸子百家；饥馑灾年，出谋救灾度荒；远游巴郡、南中遭遇危难，但颇有获益；入李雄在成都建立的大成朝后出任史官；随太子李班征伐南北，出使建康（今南京）与晋谈判，主张国家统一；主张恢复军屯生产，丰盈军备，减轻民负；因李期弑杀太子李班，其以高尚的史德坚持“弑君”之说，惨遭酷刑，被流放边远荒蛮之地南中；理想不灭，处江湖之远依然为国家社稷着想，在苗、夷、獠等少数民族间播撒文明的种子，构筑民族友谊的桥梁，为民族融合、和平发展竭尽所能；奉诏还朝后任太子洗马，参政议政，潜心史志写作；为了实现华夏一统而平獠乱；在东晋桓温代蜀之际，主张成汉帝李势降晋，实现国家统一；入东晋江左后受冷遇，又被诬参与反晋，贬为庶民，生活无着落，仅靠妻子做小买卖艰难度日。政治迫害、经济压迫、生活困窘，使他贫病交加，但他不屈不挠，矢志不移，最终以毕生之力写出了前无古人的《华阳国志》。此书浓缩了常璩一生践行的“忠孝勤俭廉，仁义礼智信”的做人处世之道，成功塑造了常璩胸怀博大、志存高远，执着于史家理想、赤子家国的情怀。

在跌宕起伏的情节中展现人物的个性，是本书的一大特色。无论是成汉政权的历史兴衰，还是常璩本人的命运多舛；无论是根于文献的真实，还是作者合理的想象，都显得波澜壮阔，引人入胜。以多民族文化视野去把握常璩著述的价值，是本书的厚重所在。西南地区，多民族杂居，文化多元，但是这一地区的文化长期以来缺乏关注，常璩《华阳国志》重点描写这一地区的历史文化正是其独到之处。本书抓住了《华阳国志》价值的关键，对这一地区施以浓墨重彩，更显超前启后，光彩夺目。

此书第一次以文学形式展示了常璩历经磨难，矢志不移，撰写《华阳国志》的艰苦历程，形象地解答了一千六百多年来的历史悬案，生动地再现了文化巨人爱国励志的崇高精神，填补了历史和文学创作的空白，具有拓荒性，其创新价值值得高度肯定。

散步

秦勇

“今天晚上夜色很美，我们全家都出去走走，锻炼锻炼。”我提议。

“好的，奶奶也去。”女儿跑到厨房，拉着正在收拾碗筷的母亲说，“奶奶，不洗了，我们一块儿去逛长江大桥。”

母亲从农村搬进城里已有好几个月，除了买菜、煮饭、做家务、接送女儿上下学，几乎不出门。这个周末，正逢满月，一家人吃了晚饭，天还未黑，窗外便见一轮素淡的月亮。

母亲年过六十，血压高，心脏也不太好。我想，母亲如果能每晚去长江大桥走一走，一个来回大约两公里路程，一定对身体有好处。于是，我和母亲、妻子、女儿一同去长江大桥散步。

入夜，华灯点亮时，大桥上灯火通明，人影流动，装上五色彩灯的悬索宛如垂下的条条项链，倒映于河水中，闪动着粼粼光芒。

走上大桥，我说：“今天我们踩一下时间，看一看我们走过去再走回来一共要多长时间。”

女儿接过话：“要得，我们走过大桥，还要去喝了泉水才回来。奶奶，泉水喝了还能减肥哟！”

女儿说的泉水，就在长江的对岸，走完长江大桥再往东走两百余米，便是天子山登山梯道，沿着梯道上行百余米，就有一股泉水从悬崖的石缝里流出，泉水长年喷涌，清冽甘甜。散步的城里人喜欢来此喝上几口，一些老人更是喜欢用水桶来装水，背回家里烧水煮饭。散步长江大桥，时不时就会遇见一些乐此不疲的背水老人。

我和妻子走在前面，聊着天；女儿蹦蹦跳跳跟着，同奶奶一块儿走在后边。大桥有段引桥，桥下是一条笔直的滨江公路，车水马龙，两边是一幢一幢高楼，临江矗立，越往前走，桥面离地越高。

走过引桥，桥下就是奔流的长江，桥面由硕大的钢铁悬索悬吊着铺到对岸。走着走着，女儿和母亲就和我们落下了一段距离，我和妻子停下来，扶着桥上的栏杆，边聊天边等候。

母亲和女儿走近了，女儿说：“爸爸，奶奶不敢往桥下看，她说她的头晕得很，你来牵奶奶吧！”

我走上前去，挽住母亲的手说：“桥是有点高，你莫要看桥下，要看对岸，看远处，就不会晕了。”

我挽着神情不定的母亲边说边走。没走几步，一辆运土的重型卡车从桥上呼啸而过，桥面顿时上下起伏，抖动得非常厉害，慌乱的母亲紧紧抓住我的胳膊，脸色倏然苍白如灰。

看着吓坏的母亲，我说：“妈，没事，大桥要能起伏抖动的才是好桥，如果重车开过不颠簸的话，那样的桥才有危险。”

妻子走过来轻轻捶着母亲的后背，母亲稍稍缓过神来说：“可能是这几天感冒了，有点头晕。我先回去了，屋里的碗筷还没洗完，你们自己去逛吧！”

“奶奶，莫怕，莫怕，我第一次走这桥的时候，也是怕得很啰。走几回，就没事了。奶奶！我牵你走。”女儿说。

我笑着说：“妈，那等你身体好些了，我们再来走走。你看，这些来来往往的老人，最喜欢来桥上散步了。”于是，一家人还未走到大桥的中间就匆匆返回了。

回到家里，母亲吃了板蓝根和几片丹参，洗了热水脚就睡了。

往后的日子，谁也没再提去逛长江大桥，母亲晕桥的事也渐渐被淡忘，母亲住了半年，脸上有了红晕，身板也结实了许多。晚饭后，母亲还喜欢到长江大桥的移民广场跳跳坝坝舞。

一天下班回家，我看见餐桌上放着一罐五公斤的乌杨白酒，询问道：“爸爸又买白酒了？年纪大了要少喝啊！”母亲从厨房走出来，笑着说：“不是白酒，你喝一口看是啥子？”

我端起胶壶喝了一口，却是清冽冰爽的泉水。母亲说：“这段时间，你们上班忙去了，我一个人试着走了很多趟长江大桥，好像不再晕桥了。下午我也去天子山灌装了一壶泉水回来，用这种水烧的开水要好喝一些。”

原来，晕桥的母亲背着我们一次次独自来回走过长江大桥。对于有高血压、心脏病的农村老人来说，这需要多大的胆量、勇气和坚持。我再次捧起母亲提回的那壶泉水，咕噜噜地猛喝了几口，母亲走过来接过泉水，也咕噜咕噜地喝了几口。

看着母亲脸上的笑容，我好似看见她独自一人在大桥上蜗蜗而行的忐忑，遇见大桥上下颠簸时的惊慌，好似看见她满头的白发被江风吹散，她的手抓着大桥的栏杆在微微颤抖……

“以后，我也用饮水机的水桶去装水。泉水没得漂白粉，比城里的自来水好，煮饭、烧开水用这种水好一些。”母亲边说边到厨房忙去了。

吃过晚饭，我和母亲、妻子、女儿一同去散步。我们一路走过大桥，爬到对岸山腰的泉井边，仰望城市的夜空，一片星光灿烂。

地址：重庆市渝中区枇杷山正街93号

邮编：400013

编辑部电话：(023)63880156　63880157

电子邮箱：cqwhysyj@126.com

微信公众号：cqwhysyjy

网站：www.cqwhysyj.cn

重庆文化艺术研究QQ群号：294222082